方舟の継承者

プロレスリング・ノア
丸藤正道

「9月1日に両国国技館で俺のデビュー20周年大会をやるんだけど、何らかの形で関われないかな？」

「試合はできないとしても、何らかの形で協力したいです」

ＫＥＮＴＡとメールでそんなやりとりをしたのは今年の春。4月8日のＷＷＥ『レッスルマニア34』より前のことだ。

20周年記念大会が決まった時、最初に頭に浮かんだのが、4年前にノアからＷＷＥに旅立ったイタミ・ヒデオことＫＥＮＴＡだった。ずっと試合をしてきて、ファンの目線からもずっとライバルと見られてきて、結果も出してきた相手は、たとえ日本にいなくてもＫＥＮＴＡしかいないのだ。

今のＫＥＮＴＡの立場では、どう考えても関わるのは難しいだろうと思ったが、最初から諦めるのもおかしな話だし、1％でも可能性があるならば交渉をしてみたかった。ＷＷＥにとって『レッスルマニア』は年間最大のイベント。これが終わらないと話をするのは難しいと思ったから、本格的な交渉に入る前に個人的にＫＥＮＴＡにメールを送ってみたわけだ。

彼が前向きな姿勢を見せてくれたことで本当の気持ちが押さえられなくなった僕は、

プロローグ

飛翔

9・1夢のビッグカードに向けて

KENTAに国際電話をかけた。

「やっぱり試合がしたい。それもシングルマッチで！」

さすがにKENTAは立場上、即答してはくれなかったけど「じゃあ、俺からWWEと話してみます」と言ってくれた。

そこからなかなか返事が来なかったりと、その後の交渉は必ずしもスムーズに進んだわけではない。それでも実現にこぎ着けることができたのは、WWEを説得してくれたKENTAの熱い思いがあったからだと思う。もちろん最終的にゴーサインを出してくれたWWEの器の大きさにも感謝している。

でも、試合が決まってからは、まったく話していない（笑）。

6月29＆30日に両国国技館で開催されたWWE日本公演に帰国したKENTAにも会っていないし、彼から連絡も来ない（笑）。

僕らは昔からそうだった。丸KENコンビとしてタッグを組んでいた時も一緒に飯を食うこともなかったし、試合が決まったんだから、それに向かって一直線に進んで、9月1日の両国のリング上で会えばいい。基本的に対戦相手の研究をしないからWWEのイタミ・ヒデオの試合を見たのもユーチューブで1～2回。そんなに深く見ていないから、あんまり覚えていないが（苦笑）、WWEに行っても、変わらない負けん気で頑張っているんだなという印象を受けた。

今はすべてが楽しみだ。KENTAが僕の20周年という舞台に上がってきてくれることもそう、相対して試合ができることもそう、僕たちだからこその空気をファンの人たちがどれだけ楽しみにしていたのかを感じることもそう。

お互いにコンディションは全盛期ではないかもしれないけど、僕たちが過ごしてきた年月や経験してきたことがあるからこそ、出せるものがあるはずだ。

僕の場合は今、コンディションが全盛期でない中で、技云々《うんぬん》ではなく感情的な部分でも戦えるようになった。技でつなげていかなければいけなかったものが、ここ数年は情感や表現でつなげていけるようになった。1試合の中で、種類で言えば4つか5つぐらいしか技を出していないと思う。

「飛んだり、跳ねたりして凄いですね」といまだに言われるが、今の僕は試合の流れの中での動きというだけで、そんなに飛んだり跳ねたりはしていない。飛ぶイメージは若い時にファンの人たちに刷り込んだものなのだろう。

もちろん、かっこよく動き、かっこよく立つといった所作、大きく見せる、華やかに見せるということは意識している。それはデビューから今まで変わらない。

道が分かれてから4年……新天地で頑張ってきたKENTAを感じたいし、方舟を必死に守り抜いてきた今現在の僕をKENTAに感じてほしい。今の思いは、お互いに怪我に泣かされたことがたくさんあるので、ともに怪我だけには気を付けて、その時点の最高のコンディションで当日を迎えたいということだけだ。

大会のタイトルは『飛翔』。本当ならば当時の規定ではプロレスラーになることができなかったはずの小さな身体だった僕にしてみれば「20年やってこれた」「よく20年も身体がもってくれた」という思いもあるが、これをゴールにするのではなく、さらに上を目指して羽ばたいていくために『飛翔』と命名した。

そして20年間の感謝という意味では、これまで関係した他団体の選手やフリーの選手、そしていろいろなことがあってノアから去っていった人たちにも声をかけさせてもらった。百田光雄さん、秋山準さん、大森隆男さんといった先輩たちにも直接お話をして、快く出場していただけることになった。

関わりのあったすべての人たち、そして応援してくれるファンの皆さんに感謝しつつ、かけがえのない20年のプロレス人生を綴ろうと思います。お楽しみください。

方舟の継承者［目次］

プロローグ　飛翔……2
～9・1夢のビッグカードに向けて

第一章　助走……9
～夢のレスラーを目指して

第二章　王道……35
～ジャイアント馬場さんの教えと四天王プロレス

第三章　出航……79
～方舟への乗船の決意、そしてＧＨＣジュニア戴冠

第四章　死闘……101
～ＫＥＮＴＡとの激闘、ＧＨＣグランドスラム、ジュニアへの回帰

第五章　苦難……173
～三沢光晴との突然の別れ、相次ぐケガ、そしてＮＯＡＨの苦境

第六章　混沌……215
～ヘビー級への復帰、軍団抗争、選手離脱、鈴木軍との闘い、16年11月に新会社へ

第7章　希望……289
～新生ＮＯＡＨの躍動とデビュー20周年大会への想い

エピローグ　継承……314
～天才の夢の行方

丸藤 正道

まるふじ・なおみち

1979年9月26日生まれ
埼玉県北足立郡吹上町(現:鴻巣市)出身。

高校卒業後、全日本プロレスに入団。

1998年8月28日、金丸義信戦でデビュー。2000年7月にプロレスリング・ノアに移籍。

2001年12月19日の有明コロシアム大会でGHCジュニアヘビー級王座を奪還。その後GHCヘビー級王座やIWGPジュニアヘビー級王座など、ジュニアヘビー級・ヘビー級、更には団体の枠を超え、数々のベルトを獲得。そしてプロレス界に収まらず飲食業にも参戦。MUSCLE GRILL TOKYOオーナーを務める。

2018年9月1日にデビュー20周年大会を開催。

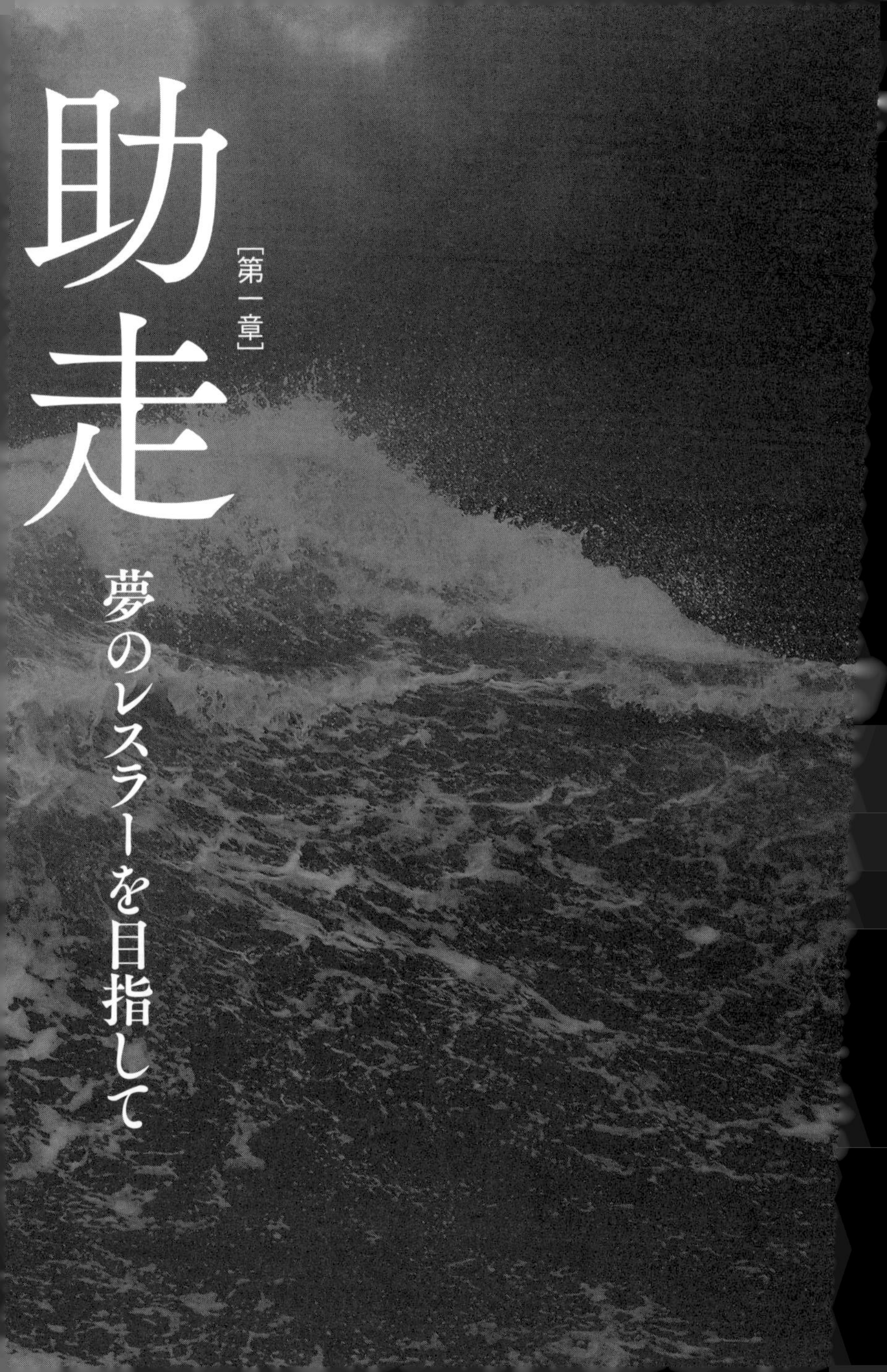

［第一章］

助走

夢のレスラーを目指して

プロレスの入口は暴走戦士ザ・ロード・ウォリアーズ

１９７９年9月26日、僕は丸藤修男（のぶお）、しげ子の四男として埼玉県北足立郡（現在は鴻巣市《こうのす》）で生まれた。

正道と、字のごとく「正しい道を」ということだったと思うが、読み方は「まさみち」ではなく「なおみち」。そこには両親の「普通の人生ではなく、ちょっとだけみんなと違う人生を歩めたらいいな」という思いもあったらしい。その意味では両親の願い通りの人生を歩んでいなくもないと言えるだろう。

長男・公靖（きみやす）は7歳上、そして6歳上に広貴（ひろたか）と史貴（ふみたか）の双子の兄貴がいる。

次男の広貴はアニメーターとして活躍していて、アニメ『アクエリオン』シリーズや『マクロス』シリーズの作画監督やキャラクター・デザインを手掛け、プロレス関係では２００９年3月15日にディファ有明で開催したプロデュース興行『為虎添翼～虎ノ巻～』の虎に羽が生えている大会限定Tシャツのデザインを手がけてもらったし、

［第一章］

助走

夢のレスラーを目指して

テレビCMで僕がタイガーマスクをやっていたパチンコ『FEVER　タイガーマスク』のパチンコ台のアニメーションを担当していた。

去年11月27日には兄貴がアニメーションの方を手掛けていた、にわのまこと先生の画業30周年記念イベントが開催され、そこで僕は先生が週刊少年ジャンプで連載していたプロレス漫画『THE　MOMOTAROH』（ザ・モモタロウ）の主人公MOMOTAROH役で試合をしている。

僕がプロレスに興味を持ったのは、そんな兄貴たちの影響。どの兄貴が買ってきたのかは憶えてないが、きっかけは誰かが持っていたプロレス雑誌の表紙の暴走戦士ザ・ロード・ウォリアーズの写真だ。

それまでプロレスをテレビでも見た記憶はないが、おそらく1年生か2年生の小学校低学年の僕にとってウォリアーズの写真はあまりにも衝撃的だった。

筋肉に覆われた凄い肉体、顔に施されたペイント、アニマルのモヒカン刈り、ホークの逆モヒカン刈りという奇抜な髪型に「何なんだ、こいつらは!?」と引き込まれて、そこから俄然、プロレスに興味を持ったというわけだ。

動くウォリアーズが見たくて、テレビ埼玉で午後6時から再放送でやっていた全日本プロレス中継を見るようになったのがプロレスとの遭遇。

ただし「テレビ埼玉でやっているプロレスを見ている」という感じだったから、まだ新日本プロレスという団体の存在は知らなかった。

ブラック・サバスの『アイアンマン』で疾風の如く登場して、相手を豪快に秒殺してしまうウォリアーズは目茶苦茶かっこよかった。小学校低学年なのにちゃんとアニマルとホークの見分けもついたし、２人のペイントのデザインを描けるくらい夢中になった。

だから失礼ながら、当時の全日本の日本人選手はまったく印象に残っていない。

何でもあり！　過激なプロレスごっこ

やんちゃな男兄弟だから、当然、プロレスごっこになる。危険だからということで家の中でのプロレスごっこは禁止されていたが、両親が共働きだったので、親がいない時に布団を敷いての試合が始まった。

僕らのプロレスごっこはかなり過激だった。下手な喧嘩より激しかったかもしれな

［第一章］

助走

夢のレスラーを目指して

い。金的攻撃と顔面攻撃以外は何でもありという、まるで初期の総合格闘技のような原始的なルールだったからだ。

押し入れから布団の上に飛ぶ空中殺法はお約束だが、基本的には打撃と関節技の攻防になる。決め技は腕ひしぎ十字固めとかアキレス腱固めだ。

さすがに長男はあまり加わらなかったが、双子の兄貴にはいつもグチャグチャにやられていた。それなりに気を遣ってくれていたとは思うが、中学生と小学生では身体の大きさも力も全然違うから、プロレスごっこは辛かった（苦笑）。

プロレスごっこは基本的に家の中でやるものだったが、稲刈りが終わった時期には家の前の田んぼの稲がフワッといっぱい積み重なっているところでドロップキックやボディプレスなどの飛び技の練習をしていた。

子供の頃から運動神経はよかった。走るのも速かったし、体育はいつも5。運動神経のよさは父親の影響かもしれない。

父が特に何かのスポーツをやっていたとは聞いていないが、スキーもストックなしで滑っていたし、海に行けば素潜りで食べられる物を獲ってきちゃうし、プールでは僕らをおぶったままバタフライで泳ぐような人だった。

そんな父親の遺伝子なのか、小学4年生でバク転もできるようになった。

それはプロレスごっこのためではなく、当時流行っていたジャニーズのアイドルグループの光GENJIの影響だ。

「この人たちにバク転ができるなら、俺もできるんじゃないか？」

そう思って、布団を重ねて練習して、自己流でマスターしてしまった。

光GENJIはバク転するだけでなく、ローラースケートを履いて踊っていたから、ローラースケートもメッチャやっていた。きっと子供の頃から派手なパフォーマンスが好きだったんだと思う。

プロレスに関しては、ウォリアーズの次に衝撃的だったのは、**タイガーマスクがマスクを脱ぎ捨てて素顔の三沢光晴になったシーンをテレビで見たことだ**。

90年5月だから小学5年生になったばかりだった。

そこで三沢さんの存在を知ったことで、よりプロレスに興味を持つようになって、全日本プロレス以外に新日本プロレスがあることも知り、新日本もテレビで見るようになった。新日本はテレビ朝日で深夜に放送していたから普段はビデオに録画して、ビッグマッチの時だけ起きて見るという位置付けだった。

［第一章］

助走

夢のレスラーを目指して

中学時代は全日本よりも新日本プロレスにハマる

全日本では三沢さんたちの超世代軍が出てきて、やがて四天王プロレスになり、新日本では武藤敬司さん、蝶野正洋さん、橋本真也さんたちの闘魂三銃士が出てきた時代だから、いい時期にプロレスにどハマりしていったことになる。

中学生になると、実際に会場に行ってナマでプロレスを見るようにもなった。行くのはいつも実家のすぐ隣の熊谷《くまがや》大会で、新日本1回、全日本2回、それにレッスル夢ファクトリーの道場マッチと旗揚げ戦を見に行ったはずだ。

どんなカードだったかは覚えてないが、全日本では入場してくる菊地毅さんを触りに行ったら、肘でボンとやられて顔面が痛かったり、バスからスティーブ・ウイリアムスにコーラを噴きかけられたりとか……ファン的には嬉しい記憶がある。

夢ファクの旗揚げ戦の前のプレ旗揚げ戦みたいな道場マッチには「獣神サンダー・ライガーが出る！」って聞いたから見に行ったけど、出てきたのはライガーさんの恰好をした誰かだった（笑）。

夢ファクには茂木正淑さん、当時はマスクを被っていた神風さん（現在、フリーで活動中のＫＡＭＩＫＡＺＥさん）、怨霊さん、死神さんとかがいて、会場のロビーで神風さんに「腕相撲やってください」って言ったらやってくれて、全然動かなくて「プロレスラーはやっぱスゲー！」と思ったりとか。

当時の僕は、そんなどこにでもいるプロレスファンだった。

中学生ぐらいになると、友達同士でも全日本派と新日本派に分かれる。今だから書いてしまうが、僕にとってプロレスの入口は全日本だったけど、中学生ぐらいの時には新日本にハマって凄く見ていた。

新日本の方が演出とか選手の派手さの部分で惹かれたからだ。

全日本は激しい戦いに見入ってしまうところがあったが、子供だった僕からすると少し地味に感じた。それに対して新日本は見た目も派手だし、東京ドームで興行をバンバン打つような華やかさがあった。

ただ、当時好きだったレスラーを挙げるとすれば三沢さんと武藤さんの２人がツートップだ。やはりオーラが他のレスラーとは違った。

あとは夢ファクで見たかった獣神サンダー・ライガー！　ライガーさんはビジュア

ル的にもそうだし、よく飛んでいたし、単純に好きになった。ライガーさんのデビューからの名勝負を集めたVHSビデオ『獣神サンダー・ライガー・スペシャル』はVOL．1もVOL．2も今だって実家にあるぐらいだ。

背を伸ばすために中学ではバスケ部に入部

プロレスにハマっていくうちに「プロレスラーになりたい！」と本格的に思うようになったのは中学生になってから。特に中2から真剣に考えるようになった。でも小学校の卒業文集にすでに「将来なりたい職業として「プロレスラー」と書いていた。いや、正確には「プロレスラーか、サッカー選手か、歌手」（苦笑）。まあ、小学生の時は漠然とした夢だったのが、中学に入ってから完全に**「プロレスは見るものではなく、自分でやるものだ」**という意識だった。三沢さんは高校時代に「俺がやった方がもっと面白いプロレスができるはずだ」と思ってプロレスラーを志したそうだが、同じような感じだったのかもしれない。

中学時代の部活はバスケットボール。

プロレスラーというのはデッカイというイメージがあったから、背を伸ばそうと思ってバスケを始めたというわけだ。一応、レギュラーにはなれたが、学校自体があまり強くなかったので、成績は残せなかった。

本来の目的だった背は全然伸びなかった。バスケをやる人は最初から大きかっただけの話で、始めてから伸びたというわけではないのに気付いたのは入部してから。中学時代の身長は170センチあるかないか。全日本プロレスに入門した時は176センチだったが、それは高校時代に伸びたものだ。

でもダンクシュートはどうしてもやりたくて、ひたすらジャンプした。ゴールリングを掴めるところまでになったから跳躍力という意味では効果があったと思う。ジャンボ鶴田さんもバスケ出身だったことを思えば、決して無駄ではなかっただろう。

高校時代にレスリング部で厳しい現実に直面

両親から「高校だけは出ておけ」と言われ、プロレスラーになるのに役立つ進路はないかと考えた時に、とりあえず高校でレスリングをやろうと決めた。

［第一章］
助走
夢のレスラーを目指して

でもレスリングのルールさえ知らないし、どこが強い高校かもわからない。本屋で高校受験ガイドブックを買ってきて、レスリング部があって実家から通える学校として目に留まったのが埼玉栄《さかえ》高等学校だった。

さっそく見学に行くと、道場に前田日明さんか、長州力さんのサインが飾ってあって、それだけで「スゲーな！」と、気持ちは高ぶる一方。さらに監督の野口篤史《あつし》先生もプロレス好きなことがわかった。先生もプロレスをやりたかったそうで、実際にプロレスラーのような身体をした人だった。

「僕は高校を卒業したらプロレスラーになりたいんです！」

「いいんじゃないか！」

見学の時点で将来はプロレスに行きたいということを伝えたが、先生は思いのほか歓迎ムードだった。

今思えば、その当時のレスリングはあまり注目されていないスポーツだったので、先生としてはひとりでも多く部員が集まれば何でもよかったのだろう（苦笑）。

これで僕の気持ちはハッキリ固まった。

勉強は好きではなかったが、夢のスタート地点に立つために頑張って勉強したことを覚えている。本当に一生懸命やった。頑張った甲斐あって合格。晴れてレスリング部に入部したが、現実は厳しかった。

今、キッズ・レスリングが盛んだが、当時だって新入部員といっても小学校、中学校からやってきている人たちばかり。

そういう全国で活躍しているような人間と、僕のようなルールも構えも何も知らない人間ではスタートの差が半端なかった。

こっちが腰をかがめて構えの体勢から練習しているのに対し、片や高校の先輩たちとスパーリングをやっているのだから話にならない。テレビで見たこともないのに、よくぞレスリング部に入部したなという感じだった。

中学でバスケをやっていたし、個人的に兄貴と一緒に筋トレをやっていたから、基礎体力はそこそこあったが、それでも相当きつかった。何しろ高校の思い出は部活しかないのだ。修学旅行ではアメリカに行ったが、そういう思い出もすべて部活に押し潰されてしまっているぐらいきつかった。

当時の生活を振り返ると、最初の準備運動としてウェイトトレーニングをやる日と、走る日が交互にあった。

埼玉栄は体育学校だから体育館の2階に1周200メートルぐらいのランニング・バルコニーがあって、走る日には5周……つまり1キロを全力疾走！　タイムが悪いとさらにプラスされてしまうのだから辛い。

ようやく走り終わって道場に戻ってきたらタックルやグラウンドの練習になる。

そしてスパーリング、最後にいろいろな補強運動をやって、ようやく終わり。毎日3〜4時間、本当に濃密な練習だった。

高校3年の時に杉浦貴と初遭遇

レスリング部の同期には、のちに新日本プロレスでメディカル・トレーナーを務める新島《にいじま》栄一郎がいた。彼もプロレスラーを目指していて、2人で将来の夢を語り合ったり、一緒にプロレスの試合を観に行ったこともある。

新島は僕より体力があったし、走るのも必ずトップだった。のちに新日本の練習生になったが、怪我のためにデビューできなかったのは本当に残念だ。

もしデビューしていたら、いずれノアvs新日本の対抗戦で戦っていたかもしれないし、ＩＷＧＰジュニア・ヘビー級王者になった彼に挑戦していたかもしれない。

高校時代を振り返ると、僕はフリースタイルの68キロ級で、国体だけグレコローマンで出場した。

平柳玄藩と2回対戦して僕が2回勝っているらしいが、全然記憶にない。彼がどこの高校にいたのかも覚えていない。それは平柳がノアに入門してから知った話だが、負けてなくて本当によかった（笑）。

強烈に記憶に残っているのは杉浦貴だ。杉浦さんとは高校2年の時、97年に大東文化大学でやった大阪国体の合宿で一緒になっている。

国体の合宿は高校生、自衛隊、大学生が集まってやっていて、当時の杉浦さんは自衛隊でグレコローマンの82キロ級だった。高校2年生と自衛隊の27歳のおっさん（当時の俺からはそう見えた）の出会いだ（笑）。

その頃の杉浦さんは選手が大勢いる中でも怖さが光っていた。今より細くて、昔のパンクラスの選手のハイブリッドボディみたいな凄い身体をしていて、顔も今よりも細かったから目もちょっと吊り上がっていて怖かった。

「この人、絶対に人を殺してるな！」というのが杉浦貴の第一印象（笑）。

だから僕より2年遅く全日本に入門してきた時には「あっ、あの時の人だ。ヤべえのが入ってきたな」とすぐにわかった。

大東文化大学の合宿では杉浦さんとは一切接触はなかったが、違う自衛隊の人にスパーリングでボコボコにされた。10本ぐらいはめられて、いつまでもスパーリングが終わらなかったことを覚えている。

その他、のちにプロレスラーになった人で高校時代から知っていたのは土方隆司選手。土方さんは1学年先輩で、柔道部で活躍していた。直接の知り合いではなかったが、レスリング部の先輩が土方さんと友達だった。

土方さんは高校卒業と同時に格闘探偵団バトラーツに入門したが、高校時代から「あの人はプロレスに行くんだよ」と聞いていたから、プロレスの道に進むというだけで当時の僕は「スゲーな！」と、羨望《せんぼう》の眼差《まなざ》しで見ていた。

格闘技系に傾倒！　スーパー・タイガー・ジムへ

高校でレスリングを始めた当初は何もできなかったのが、1年もするとタックルが取れたり、倒せなかった相手を倒せたり、周囲に追いつけるようになった。さらに県大会などの公式戦でも段々と結果を残せるようになってくると、格闘技の方に心が傾いていった。

「自分がやっているレスリングというものが活かせるぞ！」

その頃、何でもありの格闘技大会UFCや400戦無敗という触れ込みのヒクソン・グレイシーがもてはやされ、WOWOWでリングスの試合を見たりしていて、自分でもやってみたくなったのだ。

高校のレスリング部の監督の野口先生がサブミッション・アーツ・レスリングの大会に昔出たことがあって、サブミッションを使わないでレスリングだけで優勝したと聞いて「やっぱりレスリングはスゲーんだ！」という気持ちもあった。

また、たまたま同級生の家がお寿司屋さんをやっていて、初代タイガーマスクの佐山聡さんの行きつけの店だったということもあって、大宮スケートセンターにシューティングの大会を見に行っていた。

何事にも影響されやすい僕は、部活の雑用から解放される高2になってすぐに東大宮のスーパー・タイガー・ジム『佐山聡道場』の会員に。佐山さんを見かけることはほとんどなかったが、当時のジムにはエンセン井上さん、朝日昇さんらがいて、朝日さんにグラウンドの動きなどを教わっていた。レスリングとはまた違う技術を覚えるのもまた楽しく、サブミッションにも結構ハマっていた。

今だからこそ書ける話だけど、そんな僕だから全日本に入門する以前には、格闘技の色が強いいわゆるＵＷＦ系の団体の入門テストを受けている。

幻に終わったキングダムへの入門

前田さんがエースだったリングスは、入門テストこそ受けていないが、ディック・フライとかハンス・ナイマン、ヴォルク・ハン、アンドレイ・コピィロフとか外国人選手がメチャクチャかっこよかった。特に見た目はおじさんなのに強かったサンボ・マスターのコピィロフは強く印象に残っている。

実際に最初に入門テストを受けた団体は船木誠勝さん、鈴木みのるさんが旗揚げしたパンクラス。高校2年生の時だ。

テストの時に鈴木さんはいなかったと思うが、船木さん以下、ほとんどの選手がいた。その中でも、なぜだか若手の渋谷修身選手のことが印象に残っている。

テストは……全然駄目だった。高校のレスリングの練習で逆反《さかぞ》りに落とされて腰を怪我して、足も痺れているような状態でテストを受けざるを得なかったからだ。基本のブリッジさえ全然できなかった。

パンクラスのテストは基礎体力が多かった。その後、道場の前に凄い坂があって、そこをダッシュしたり、キックのパフォーマンス、そしてレスリング。ズブの素人が行っても通用しない、何らかの格闘技の技術がなければ受からないメニューだった。もっとも自分のコンディションはそれ以前だったわけで……。

次に入門テストを受けたのが96年末に解散した髙田延彦さん率いるUWFインターナショナルの選手たちの受け皿として旗揚げしたキングダムだ。

自分ではキングダムのテストも高2の時に受けたと思い込んでいたが、今回、自伝を書くにあたって調べてみたら、キングダムが旗揚げ戦を行ったのは97年5月4日だから、もう高3になっている。ということは、パンクラスを高2、キングダムを高3で受けた計算になる。人の記憶とは曖昧《あいまい》なものだ。

でも、テストはハッキリと覚えている。キングダムの事務所は東麻布の地上6階地下1階のビルで、その中に道場があった。その時、入門テストを受けたのは俺ひとりで、まずレフェリーの和田良寛《りょうがく》さんが迎え入れてくれた。

道場に入ってまず目に飛び込んできたのがウェイトトレーニングをやっていた高山善廣さん。デカすぎて、いきなりビックリしてしまった。

試験官は安生洋二さんで、髙田延彦さん、佐野巧真さん以外の選手は全員いたと思う。のちに全日本で一緒になる垣原賢人さんもいた。

テストは腕立て300回とか、スクワット、ブリッジなどの基礎運動。最後にレスリングのマットの上での相撲。相手は松井大二郎さんと相撲の3本勝負をやらされて、1本目を俺が取っちゃったことで松井さんに火がついた。先輩が見ているところで高校生に取られてヤバいと思ったんだろうけど、その後は速攻で立て続けに2本取られてしまった。

「内容的にはOKだよ。でも、まだ高校生なんだから、卒業してからまたおいで！」

安生さんは合格をくれた。

つまり、そのまま順調に行ったら僕はキングダムでUWFスタイルのプロレスラーになっていたことになる。

全日本プロレスに1週間の仮入門！

ここでも記憶違いがある。高校を卒業する前にキングダムが潰れてしまったために全日本プロレスに入門したと思っていたが、これも調べてみると、全日本プロレスに入門したのは98年3月7日で、キングダムが横浜文化体育館で最終興行をやったのは、全日本に入門した後の3月20日。つまり、その年の2月に事務所と道場の閉鎖を発表していたけれど、キングダムの最後の試合の前に全日本に入る道を選択していたことになる。

改めて記憶を辿っていくと……3年生になってからは、周囲は大学進学に向けてひたすら勉強しているような状況だったが、僕は大学に行く気がまったくなかったから模擬試験なども受けなかった。周りが模擬試験をやっている時に俺は自習していた。

卒業すればキングダムという入門先が決まっているから、大学に進学してレスリングをやるという発想もなかった。

野口先生が、さらに上のレスリング部の名誉顧問の先生に僕のことを話してくれたのはそんな頃だ。その名誉顧問の先生は三沢さんとつながっていたのである。

普段はあまり顔を見せない先生だったが、野口先生から「プロレスラーになりたい生徒だから」と聞かされたのだろう。「じゃあ、ちょっと話をしてみるよ」と直接、三沢さんに電話してくれたことで一気に全日本プロレスの道が開けた。

だから三沢さんと最初に話をしたのは電話。メチャ緊張した記憶しかない。

そんな流れで三沢さんの提案なのか、三沢さんがジャイアント馬場さんに話をしてそうなったのかはわからないが、高3の冬休みに仮入門ということで全日本の合宿所に1週間住み込んで新弟子体験をすることになった。

田園都市線のたまプラーザの駅からバスに乗り換えて合宿所へ。言われていたバス停からちょっと道に迷っていたら泉田純さんが原付バイクで迎えに来てくれた。

当時の合宿所には志賀賢太郎さん、金丸義信さん、練習生として森嶋猛さん、橋誠さんが住んでいて、行った時には小橋健太（現・建太）さん、浅子覚さん、井上雅央さんもいた。その時に「こんなにデカいの？」と思ったのは渕正信さんだ。

渕さんはジュニア・ヘビー級の選手だと思っていたから、その大きさに驚いてしまった。そうしたら小橋さんはあの通り本当にデカいし、志賀さんにしてもファンの人には細いイメージがあるかもしれないが、身長は186センチある。

僕と同じぐらいだったのは金丸さんだけだったから、いきなりみんなの大きさに圧倒されてしまったのだ。

実はこの全日本体験前に、僕は日本テレビで月曜深夜にやっていたバラエティ番組の『ロンブー荘青春記』に出演していた。

ロンブー荘のメンバー……ロンドンブーツ1号2号、ガレッジセールさんなどのお笑い芸人の人たちが埼玉栄に来て、レスリング部に体験入門するという企画だったと思うが、その時に『全日本プロレス入門内定者』みたいな形でテロップか何かで名前も紹介されてしまったのである。

多分、番組のスタッフはレスリング部の誰かから僕が全日本に体験入門することを聞かされて、入門が内定していると思い込んでしまったのだろう。

番組のスタッフが生徒ひとりひとりに確認するわけがないから、入門内定者にされてしまい、番組を見て僕自身がビックリしてしまった。

「お前、ロンブー荘に出ていたよな?」

全日本の人に見られていないことを祈っていたが、先輩の誰かにそう言われてしまい、非常に気まずい思いをしたことを覚えている。

合宿所で一番きつかった受け身の練習

でも、すぐに「着替えて！」と言われて、ろくに挨拶もできないまま、一緒に練習を始めることになった。

準備運動、腹筋、背筋、腕立て伏せ各種をやって、スパーリング、受け身。最後にスクワット500回というのが一通りの練習メニューだった。スパーリングに関してはレスリングをやり、佐山さんのジムにもいたので、たまに先輩から取れるかもというシーンもあったが、やはり先輩たちの圧力は半端なかった。

基礎運動は埼玉栄のレスリング部の日々の練習があまりにも鬼すぎたから（苦笑）、回数が多くても大丈夫だった。この時ばかりは高校の練習に感謝した。

あの1週間で一番きつかったのは、やったことがない受け身の練習だ。

もっとも、この1週間は高校生の仮入門で正式に新弟子になったわけではなかったから、受け身と言っても基本の後ろ受け身と、倒立《とうりつ》から前方にパンと取る受け身というう本当に基本的なものだけ。それでもレスリングには飛んで受け身を取るというのはないので、やはりきつかった。練習以外にもちゃんこ作りを手伝ったり、掃除などの雑用をこなしたり。掃除などの雑用は高校のレスリング部でもあるので全然苦にはならなかったが、実家から高校に通っていて、どこかに住み込んでの集団生活をしたことがなかったから、知らない人たちと寝起きを共にするというのは正直言って居心地が悪かった（苦笑）。

部屋は、橋さんの部屋に居候《いそうろう》させてもらったが、橋さんもデビュー前の練習生だったから自分のことでいっぱいいっぱいだったような感じだった。でも優しい人だから変に当たられるようなこともなく、その点では助かった。

この1週間の仮入門の時、三沢さんには1回だけ会うことができた。三沢さんは合同練習の時ではなく、夜の8時か9時頃に来て、ベンチプレスなどをやって帰っていったが、初めて会った三沢さんは〝落ち着いた大人の人〟という雰囲気で怖さは感じなかった。

全日本入門決定！　母親の言葉に決意を新たに

馬場さんに初めてお会いしたのは年明けの後楽園ホール。

「馬場さんに挨拶に行くように」

1週間の仮入門をクリアしたことで正式に入門を許可された僕は、馬場さんの付き人でもあった志賀さんに試合前の売店にいる馬場さんのところに連れて行ってもらって「お世話になります」と挨拶したが、何を言われたかは憶えていない。

売店の後ろの方に足を組んで座っていて、何も言わずに微笑みながら頷いてくれたような気がする。

プロレスラーになることについて両親の反対はなかった。

「やりたいことがあるなら、もう一生懸命やりなさい」

そう言ってくれたのは母親だ。母親はやりたいことをやれなかった人だったからだ。

母方の祖父と祖母は、母とは血がつながっていなかった。詳しいことは知らないが、母は養女として祖父母に迎え入れられたのだという。だから義理の両親に面倒をかけないためにやりたいことを我慢して看護師になったそうだ。それを聞きかされたのは全日本プロレスに入門する時だった。

「お母さんはこういう環境で、こういうふうに生活してきて、やりたいことができなかったから、子供たちにはやりたいことをやらせてあげたい」

そんな言葉を聞いたから、なおさら「これは頑張らなきゃ駄目だな！」という気持ちが芽生えたのは確かだ。

父親は多くを語る人ではなく、母がイエスならイエス、ノーならノー。子供の教育は母親に任せている人だった。

1週間の仮入門を終えて、その間にプロレスラーがどういう練習をするかがインプットできたから、卒業するまでの3ヵ月間、同じ練習とレスリングを毎日やっていた。

そして1998年3月5日に埼玉栄を卒業すると1日だけ休んで、3月7日には合宿所入りして正式に全日本プロレスの新弟子になった。

［第二章］

王道

ジャイアント馬場さんの教えと四天王プロレス

全日本の基本の受け身を刷り込まれる

1998年3月7日に合宿所入りした僕には同期はいなかった。森嶋さんと橋さんを同期だと思っているファンも多いようだが、入門して1ヵ月も経たないうちに2人とも相次いでデビューしている。

同期だと思われるのは、同じ年の98年8月にデビューしているからだろう。仮入門から正式入門までの3ヵ月を無駄にせずに練習していたことも大きかったと思うが、正式入門から5ヵ月半でのデビューは、三沢さんの5ヵ月に次ぐ記録らしい。

でも、やっぱり正式入門してからの練習はきつかった。

一番苦労したのは受け身の部分だ。最初は30本ぐらいから始め、だんだんと50本取るようになって、最終的には100本取るようになる。

各種の受け身を一通りやった後に、今度は先輩に100本連続で投げられるというのが全日本の受け身の練習だ。

新日本に入門したレスリング部の同期の新島と連絡を取り合っていたことがあって、

こっちが受け身を30本とか50本取っている時に、向こうはまだ10本ぐらいだった。

「こっちはスパーリングが多いんだよね」

新島の言葉を聞いていて、同じプロレスでも全日本と新日本では畑が違うということを実感させられた。そうしたところに団体のカラーの違いが出るのだろう。

全日本はスパーリングの後に受け身を何本も取っていた。それは、どんなに疲れてヘトヘトになっていてもしっかり受け身が取れるようにするためだ。

とにかく全日本では「受け身が大事だ！」ということを身体と頭に徹底的に刷り込まれた。全日本の流れを汲むノアで、なかなか新人が育たずにデビュー前に挫折してしまう人間が多かったのは、受け身の練習がきつかったからだろう。

１日だけだったら１００本の受け身も何とか耐えられるだろうが、それが毎日続くことを想像したら、心が折れてしまうのもわからないではない。

でも、これはプロレスをやっていく上で、自分の身を守るために絶対に身に付けなければいけない技術だ。

今となれば、もう絶対にやりたくないというのが正直な気持ちだが、新弟子の頃に徹底的にやっておいて本当によかったと思う。

高さは関係なし！　受け身の極意とは⁉

最初に苦労するのは、仮入門の時にも練習させられた倒立から前方への受け身だ。あれは倒立する時に手を着いた位置に自分の腰がバンと来るようにコンパクトに落ちなければならない。普通に倒れたら、腰が手より先の位置に行ってしまうので、ちゃんと手の位置に腰が来るようにするタイミングを掴むまでが苦労した。

なぜ、そういう受け身の練習をするかというと、プロレスのリングという限られたスペースの中でちゃんと受け身を取るためのボディコントロールでもあるし、フラットな受け身になるからだ。そうすることで音がバラけずにひとつになる。

基本的に、受け身というものはひとつの音にならないと衝撃を散らせない。腕、足、腰など身体のすべてを使って音をひとつにすることが重要だ。

誰もが壁としてぶつかるのがショルダースルーの受け身。失敗してケツから落ちたりすると、内臓が詰まって呼吸ができなくなるから本当に辛い。

今は試合でショルダースルーが使われることもあまりないから、受け身を教えていない団体もあるかもしれない。

ショルダースルーは空中に飛ばされた時にマットを見ることが大事。そして自分の距離が来た時に顎を引いて受け身を取る。相手が大きい選手でも、小さい選手でも、自分が顎を引く距離は同じだ。

「どんな高いところからでも受け身が取れます！」

よく僕が使う言葉だが、2メートルの相手に投げられようが、170センチの相手に投げられようが、受け身を取るマットからの距離は同じ感覚だ。だから高さに関係なく受け身が取れるのである。

つまり、高さが問題なのではなく、顎を引くタイミングとか、自分の身体をフラットに持っていけるかがポイント。投げられた時に体を丸めたらマットを見ることはできない。だから最後までちゃんとマットを見る。そして顎を引くタイミングを見極める。これができれば怖いものはない。

注意して試合を見れば理解してもらえると思うが、受け身が下手な選手は投げられるとマットを見ないですぐにクルッと回ろうとしてしまう。マットを見ることができるか、できないかが受け身の上手い下手を左右するわけだ。

ショルダースルーとモンキーフリップの受け身の仕方は一緒。**僕は三沢さんのモンキーフリップで投げられた時の小川良成さんの受け身を盗んだ。**

小川さんも身体が大きい選手ではなかったから、自分の身体を守るためにいかにボディコントロールするかという技術を身に付けたのだろう。セコンドに付いて見ていて、小川さんの受け身は本当に手本になった。

先日、巡業先で小川さんと酒を飲んだ時にショルダースルー&モンキーフリップ談義になった。そうしたら、やっぱり共通した答えになった。小川さんと技術の話をするのは本当に楽しいものだ。

全日本と新日本では基本技のボディスラムも違う。新日本は最初から相手の首を巻いてそのまま投げるが、全日本の選手は相手を抱え上げてから最後に首を巻く。セオリーからすると、首を巻かれない方が受け身を取りやすい。首を巻かれていない状態だと、その時にマットを見ていることができるからだ。

首を巻かれたまま投げられると、相手のなすがままで自分でボディコントロールができないが、首を巻かれていない状態だと自分のタイミング、自分の距離で受け身が取れるのである。

ロープワークだけでも技術が詰まっている

プロレス特有の技術としてはロープワークというものもある。そこにはステップもあるし、ロープの当たり方という技術がちゃんとある。

まず言われたのは「背中でロープに当たるのは女子プロレスだ！」ということ。今は男子レスラーでも背中全体でロープに当たる人が多いが、昔はそれはかっこ悪いとされていた。もちろん、体格差の話で、女子のレベルが低いという意味ではない。

また、背中で当たると、トップロープに当たり損ねた時に頭がロープの下に入って首がガクッとなる危険性があるから、横……つまりサイドで当たるのだ。

ロープの反動を最大限に活かさなければいけないことを考えると、サイドで当たった方が絶対に重心を乗せられるし、見た目もかっこいいはずだ。

そしてロープに当たった時にしっかりと脇でロープを挟み込む。そしてロープをしっかり掴む。ロープを掴む時のグリップは団体によって違うようだ。

ロープに当たった瞬間の足の運びは、右足はほぼ脱力。なぜなら、ロープに当たった一歩目を右足で出すからだ。そうしないと一歩目が出しづらくなってしまうが、今の人たちは足の運びが違うようだ。

走る時も綺麗に見える走り方があって、基本は2歩半。そして大きい人は一歩半。三沢さんは馬場さんにそういう風に教わったといっていた記憶がある。

走る時のリズムも大事で「トントトン」というリズムで走らされた。

最初はロープに当たるのが怖いのと痛いので、最初はなかなか思い切り走れない。本気で練習すると、脇が紫色になって出血するぐらいになってしまう。僕もそうなって痛かったけど、今はそういう若いコをあんまり見ないような気がする。

たかがリングの上を走っているだけに見えるかもしれないが、そうした細かいことすべてを理解していないと、本当に早くロープ間を走ることはできない。

ロープワークの攻防では起き方にもセオリーがある。タックルで倒されたら、右肘を支点にして、相手と距離を作りながら立つのだ。

これは投げられた時も同じ。投げられて、パッと立った瞬間に相手との距離、次に何かを仕掛けることができるだけのスペースがなかったら、お見合いになって何もできなくなってしまう。

それは実にかっこ悪い間になってしまうから、投げられて立つ時も自分で距離を作りながら立たなければならない。

アームドラッグにプロレスの奥義がある

馬場さんは〝不細工なプロレス〟を嫌った。

だからロープワークだったり、間の取り方とかに厳しかった。

今の練習生は絶対にやることはないが、僕がやらせてもらったのは馬場さんと組み合って、何も言わずに馬場さんの動きについていくというステップだ。

前に動くかもしれないし、後ろに行くかもしれないし、横に行くかもしれない。その動きにちゃんと合わせ、歩数を合わせてバランスを崩すことなくスムーズに歩くという練習を馬場さんに直接やってもらった。

それは綺麗に相手に付いていけるという、相手とのタイミングの練習。うまくできないと相手の足を踏んでしまいそうになる。そうなると、それは馬場さんが嫌いな〝不細工なプロレス〟になってしまうわけだ。

「下を向くな、表情を見せろ」

試合前にリングサイドで練習をじっと見ていた馬場さんは、たまにリングに上がって教えてくれたが、そうした細かい部分をよく言われた。

たとえ相手にやられていても、その苦しい表情、耐えている表情をちゃんと見ているお客さんに伝えなければ駄目だということだ。

若手の基本でもある胸パンチとストンピングもちゃんと練習する。1分間、ひたすらストンピングするという練習もあった。

そして当時の全日本プロレスの若手がひたすらやらされたのはアームドラッグの練習。これはショルダースルーの練習と同じぐらい重要視されていた。

アームドラッグはお互いが動いていく中での投げ技であり受け身だから、相手のとの距離感、間の取り方をちゃんと覚えないと実に不細工になってしまう。

タイミングが合わないと頭と頭がバッティングしてしまうこともあるし、頭から落っこちてしまう危険もある。

相手の上に落ちないように受け身を取り、相手と距離を取れるように外側に素早く起き上がって相手を見て、次に相手が何をしてくるか、自分は何をやるかを判断して次の攻防につなげていく。

片手を巻かれて投げられた上で、自分の身体を守るために音がひとつになるようにフラットな受け身を取らなければいけないから難しい技術だ。アームドラッグの受け身をマスターすれば、どんな受け身でも取れるはずだ。

リングという限られたスペースで自分の動きをしつつ、相手の動きを見なければいけないので、相手との距離感を保つためだったり、スペースを作るためなど、**アームドラッグの攻防には、プロレスに必要な要素が詰まっている。**

アームドラッグの攻防は上手い、下手の差が物凄く出てしまうが、ずば抜けて上手かったのは三沢さん。ヘビー級の身体なのに仕掛けのタイミングも上手ければ、受け身も実に鮮やかだった。

この技はだいたい2回連続でやったりするが、今はできない選手が増えている。ノアでも教えるようにはしているものの、なかなか覚えられない。だから試合ではあまり出なくなってしまっているのが実情だ。

こうした技術を学び、全部は無理でも必要最低限なものは身に付けて……それこそ試合中に意識が飛んでも無意識でできるくらいに頭と身体に刷り込んで、ようやくデビューできるというのが当時の全日本プロレスだった。

全日本プロレスは「習うより、慣れろ！」ではなく、しっかりと理屈で教えながら、身体で覚えさせてくれる。無茶な教え方をされた記憶は一切ない。

だから僕はプロレスに関して言葉で説明できないものは何ひとつない。

タイツは三沢さんのお古でデビュー戦！

「お前、試合できるか？」

馬場さんの一言で僕のデビューは唐突に決まった。

千葉の木更津倉形《くらかた》スポーツセンターでいつものように試合前にリング上で練習していたら、いきなり馬場さんにそう言われた。

当時の僕は動きの中で投げられたりする練習はしていたが、いわゆるプロレスの試合形式の練習はしていなかった。

でも、ここで「できません」と言ったら駄目だなと思って、何の根拠もないのに「できます！」と元気よく答えた。

［第二章］
王道
ジャイアント馬場さんの教えと四天王プロレス

そして3日後の98年8月28日、愛知県の岡崎市体育館の第1試合で金丸さんとの15分1本勝負が組まれた。あまりにも急だったし、東京近郊ではなかったので家族も友達も誰も見に来ないというデビュー戦だった。

リングシューズは入門してすぐに馬場さんに買ってもらったから持っていた。入門当初、高校時代と同じようにアマレスのレスリングシューズで練習していた時のことだ。そうしたら馬場さんに呼ばれた。

「お前は何しにウチに来たんだ？」

「はい、プロレスラーになるために来ました！」

「だったら、お前、プロレスのリングシューズを履け」

そんな会話があって、リングシューズを作ってくれたわけだ。だからデビュー前から黒い革のリングシューズを履いて練習して、足に馴染《なじ》むようにしていた。

問題なのはタイツだ。さすがに3日では準備できない。

「三沢さんがロングタイツの上に穿いていたショートタイツだったらありますよ」

コスチューム屋さんに聞いたら、三沢さんのサイン入りのお古のタイツがあるという。とりあえず、それを借りて何とか間に合わせたから、デビュー戦のコスチュームはグリーンのショートタイツに黒のリングシューズ。

その後、ちゃんとグリーンのタイツを作ったが、色をグリーンにしたのは、やはり三沢さんへの憧れからだ。タイガーマスクのタイツに描かれていたラインのデザインを取り入れて、２０００年頃にはグリーンのショートタイツにシルバーのラインを入れたタイツを穿いていたこともある。

デビュー戦はさすがに緊張したものの、やれることはちゃんとやれたと思う。ずっと練習してきたアームドラッグ、胸パンチ、ストンピング、そしてドロップキックやミサイルキック、ダイビング・ボディアタックなどの飛び技も駆使した。

今も得意技のひとつにしているコーナーの相手への串刺し式の大ジャンプ・バックエルボーはデビュー戦の時から使っていた。

デビューする前、リング上で橋さんが練習していたら、それを見ていた馬場さんと秋山さんに「こういうのをやってみろ」と言われて、２人で試したら「お前が使え」と言われた技だ。この技も僕と同じく20周年というわけだ。

試合は7分45秒、アラビアン・プレスで負けたが、金丸さんにうまい具合に引っ張ってもらったという印象が残っている。

［第二章］

王道

ジャイアント馬場さんの教えと四天王プロレス

デビュー2ヵ月で馬場さんの肩から飛ぶ！

デビュー当時はシリーズの半分が金丸さんとのシングルマッチだったと思う。

それ以外だと、当時の全日本プロレスは開国路線で他団体の選手が多く上がっていたから、デビューして2シリーズ目に金丸さんとタッグを組んで、みちのくプロレスのスペル・デルフィン＆愚乱・浪花組と対戦する機会が多かった。

他団体の選手と試合をする時には、やっぱり新人といえども「負けられねぇ！」という気持ちが生まれて、それは刺激になっていたと思う。

デビュー2ヵ月後の10月31日の日本武道館では、馬場さん＆新崎人生＆丸藤組vs邪道＆外道＆金丸組の6人タッグマッチというカードを組んでもらえた。金丸さんは「お前は山梨県出身だから、甲州街道だ」と呼ばれて邪外さんにかわいがられて（いじられて？）兄弟扱いされていた。

僕にしてみればデビューしたばかりの新人だっただけに馬場さん、みちのくのトップレスラーの人生さんと組ませてもらい、当時はＦＭＷでトップを取っていた邪外さんと対戦させてもらえるというのは大抜擢だ。当時の俺は対戦相手が誰であっても自分のことでいっぱいいっぱいだったから邪外さんの印象もそんなに覚えていないほどだが、外道さんは受け身が上手いとよく聞いていたので、そこはじっと見ていた。実際に「なるほど！」と思う受け身だったことは覚えている。

あとは「馬場さんに金的蹴りをぶち込んでやる！」と宣言していた邪外さんだったが、トライした外道さんの足が届かなくて失敗に終わったことも覚えている。

そして僕が生涯忘れられないのが馬場さんの肩の上から金丸さんにミサイルキックを決めたことだ。

「乗れ！」

トップロープからミサイルキックをやろうと思っていたら、こっちに歩いてきた馬場さんにそう言われたのである。

「えっ？　乗れって何だろう？」

リアクションに困ったが、言われた通りに肩に乗らせてもらって、そこから意を決してミサイルキック！

普段は緊張して普通に喋ることもできない馬場さんの肩に乗ってミサイルキックを

やったことは僕にとって一大事件だったし、今となっては本当に大切な思い出だ。

新人時代を振り返ると、やっぱり戦うことも組むことも多かった金丸さんの影響が大きかったように思う。当時はヘビー級の選手ばかりで、飛び技を使っていたのは金丸さんぐらいだったからだ。


「身体が小さいから、大きい人と同じことをしていたら目立てない」


新人ながら、僕は飛び技を重視していた。

昔だったら先輩に「10年早い!」とか言われたのかもしれないが、その頃は先輩たちが飛び技をあまり使ってなかったし、先輩が使う技は使わないようにしていたので、うるさく言われることもなかったような気がする。

技については金丸さんと、のちに外国人選手ではスコーピオが勉強になった。そして間とかタイミングを教えてくれたのは秋山さん。つまり、若手の頃の僕の基盤になっているのは金丸さん、スコーピオ、秋山さんの3人だ。

寮長だった志賀さんも「基本、基礎というのはこういうものなんだよ」ときちんとしっかり教えてくれた人だ。志賀さんは人間的にも基本に忠実な人だった。

だからプロレスの基本もそうだが、生活面の基本も教わった。

「ここ、掃除した？」

合宿所で掃除していると、窓の桟を指でなぞるのが志賀さん。

「お風呂の天井、洗った？」

「えっ、風呂の天井？……まだです」

そんな具合でチョー真面目な人だった。

三沢さんの付き人として学んだこと

「何のために合宿所に入ってきたのかといったらプロレスラーになるため。じゃあ、遊びは必要ないだろう」

新弟子時代は外出禁止。夜遊びが駄目ということではなくて、外に出ること自体が禁止という本当の外出禁止。まさに練習に没頭せざるを得ないような環境だった。

唯一、合宿所の近くのコンビニに行くことができたのは土曜日の夜。日曜日は練習が休みなので、土曜日の夜にコンビニでまとめ買いという文字通りの禁欲生活だ。

新弟子時代、僕は携帯電話を隠し持っていた。

実は高校生の時からケータイを持っていたが、全日本に入門したらまだ普及していない時期で、みんな持っていなかった。

「これはヤベェな！」

部屋のカラーボックスの裏に隠して充電していたのだから、今思うと何と健気な丸藤青年だったのだろう（笑）。

実は森嶋さんも、ケータイを持っていて、それを某先輩に見つかって怒られてしまったから、余計に自分が持っていることが言えなくなってしまった。

だから唯一、外に出られる土曜日の夜とかにゆっくり道を歩きながらケータイで友達と電話していたことを思い出す。

デビューしてからもしばらくは外出禁止だった。新弟子がひとりもいなくて、誰かが必ず合宿所にいないといけないということで外出できなかった。

それを知った三沢さんが少し緩めてくれて、たとえば橋さんや森嶋さんが留守番してくれる時には外出ができるようになった。日曜日の午前中は僕が外出して、午後は森嶋さんが外出するとか、若手同士でやりくりして外出していたことを思い出す。

「飯を食いに行こう！」

先輩からお誘いがあった時には外に出られるようになったが、誘ってくれる率が高かったのが小川さんと、合宿所住まいでもすでに自由に外出できる立場にいた金丸さん。小川さんは若手時代に長い間、合宿所暮らしだったので、若手の気持ちを理解してくれていたんだと思う。

新弟子になって1ヵ月で三沢さんの付き人になり、デビューしてからもずっと三沢さんの付き人を務めていたが、それは全然負担ではなかった。

三沢さんは基本的に自分でやれることは自分でやる人だから付き人がやることは巡業中の荷物運び。試合前にやることはなくて、試合後にシューズを脱がせ、サポーターを脱がせ、背中を拭く。その順番とやり方だけが決まっていた。

あとはスーツケースに物を入れる位置だけには細かい人で、シューズはここ、コスチュームはここときちゃんと決まっていた。

三沢さんはプロレスに関しても私生活に関してもあれこれ言う人ではなかったが、多くを語らなくても人との付き合いや社会人としての作法を教えてくれた。

付き人だったから昼飯も夕飯もいつも一緒。でもプロレスの話は絶対にしない。ごく普通の話をしてくれたと思う。だから三沢さんを前にして縮《ちぢ》こまることはなかったし、自然体の中でいろいろなことをさりげなく教えてくれた気がする。

三沢さんが外で食事しない時には、好きだった幕の内弁当を駅まで買いに行っていた。ない時には『ほか弁』のチキン南蛮弁当を買ってくればＯＫという感じで、付き人としては本当にありがたい先輩だった。

そんな三沢さんに付いていたから、現在の僕は若い人たちにとってそんなに怖い先輩ではないと思うのだが（笑）。

入門した当時は未成年だったから絶対に酒を飲ませるようなことはしなかった。食事だけで僕は帰してもらって、その後は三沢さんだけがお付き合いで飲みに行ったり、友達と飲みに行くという形だった。

田上明さんが、まだ19歳だった付き人の森嶋さんにお酒を飲ませて馬場さんに怒られたという話はもう時効だろう（笑）。

当然、巡業の時の移動バスも三沢さんと一緒で、馬場さんと馬場さんの奥さんの元子さんも同じバスに乗っていたから、三沢さんだけでなく馬場さんご夫妻にもプロレス以外のことも教わった。ナイフとフォークの使い方……テーブルマナーを教えてくれたのは馬場さんご夫妻だ。

あの頃の巡業ではよくワシントンホテルに泊まっていて、ワシントンのメインダイニングになっているレストランの『ガスライト』に連れて行ってもらったことがある。

「馬鹿野郎、一番デカいのを頼め！」

ちょっと小さめのエビを頼んだら馬場さんに怒られて、一番デカいエビフライを注文した時のことだ。

「ナイフとフォークは端から使っていくんだぞ」

洋食のテーブルマナーを馬場さん、元子さんに教わったことが記憶に残っている。

「丸藤君、あれを取ってちょうだい！」

元子さんには巡業先のゲームセンターで小銭をいっぱい渡されて、クレーンゲームのぬいぐるみをいっぱい取ったのもいい思い出だ。

馬場さん、元子さんに接することができたレスラーは僕がギリギリの世代だったことを思うと、凄く貴重な時間を過ごさせてもらった。

でも馬場さんと過ごすことができた時間は本当にわずかだった。デビューしてから5ヵ月、99年1月31日に亡くなってしまったからだ。

実は、この時に大きな後悔が残っている。

僕にとって馬場さんは遠い存在でも気さくな人

1月31日、合宿所に住んでいた人間に恵比寿の馬場さんの自宅に行くように招集がかかった。志賀さん、金丸さん、森嶋さん、橋さん、僕の5人だ。理由は説明されずに「とにかく待機していてくれ」ということだったと思う。

馬場さんの自宅に5人で行ってしばらく待機していたら、和田京平さんか仲田龍さんから、またまた理由を言われることなく「合宿所に1回帰っていいよ」というような連絡があって、一度引き揚げることになった。

この日、僕は知り合いと約束があった。近くの駅まで来ていたので、先輩の許可をもらって会いに行き、夕方には合宿所に戻ったが、その時には誰もいなかったのだ。いや、浅子さんだけが普通に練習していた。浅子さんはすでに道場を出て独り暮らしをしていたから、何も事情を知らずに道場に練習に来ていたのだろう。

「ヤバいな。多分、また馬場さんの家に行ったんだろうな」

志賀さん以下、合宿所組は誰もいないから不安になったが、ジタバタしても仕方がないので、そのまま合宿所で待っていた。

みんなが帰ってきたのは夜遅くになってからだったと思う。そして何があったかは教えてもらえず、みんな無言だった。ちゃんと志賀さんに許可をもらって「行ってきていいよ」と言われて外出していたわけだから怒られることはなかったが、何事もなかったように何も言われなかったのは、かなり気になった。

実はみんなは、この日の夕方に亡くなった馬場さんを恵比寿のマンションの8階にある自宅に階段で運んでいた。

あとになって教えてもらったが、その時点では「誰にも言ってはいけない」と口止めされていたから、俺にも言えなかったわけだ。

馬場さんが亡くなったことが公になったのは翌2月1日の午後。

僕は他の先輩の人たちや一般の人たちと同じようにテレビのテロップに流れる速報で初めて知った。テロップを見た瞬間に前日からの不自然な流れが全部つながった。

「何で、そんな時に俺は人と会っていたんだろう……」

もちろん誰も知らないことだったから仕方ないのだが、何ともやるせない後悔の気持ちが胸に広がった。

［第二章］

王道

ジャイアント馬場さんの教えと四天王プロレス

馬場さんの死は……正直、接する時間が短かったから他の先輩の人たちに比べたら感傷的な部分は少なかったかもしれないが、やはりショックは大きかった。若手ながらも「この先、どうなるんだろう……」という部分でのショックもあった。

1月シリーズは入院して欠場していたものの、ガンだったとは誰も知らなかったし、突然いなくなってしまったという感覚だった。

新弟子時代から付き人をやり、ずっと傍にいた小橋さんは「親父のようだ」と馬場さんを表現していたが、僕にとっては、とてもそうは呼べない遠い存在だった。でもフレンドリーに接してくださったことも強烈に覚えている。

「馬場の脳天チョップって本当に痛いの？」

そんなことを言うファンが昔はよくいたが、僕はその答えを馬場さんから身体で直接教わっている。

ある巡業先のホテルのエレベーターで馬場さんと一緒になった時、何も言われずに突然、ガンと脳天唐竹割りをやられたことがあった。

「どうだ、痛いだろう」と笑った馬場さん。新人の僕にそんな茶目っ気のあることをしてくれる気さくな面もあった。

ちなみにスゲー痛くて、それ以来、ファンの「馬場さんの脳天チョップは本当に痛いんですか?」と聞かれた時に「スゲー、いてぇ!」と言える僕がいる。

ジャンボ鶴田さんは本当に怪物だった!

ジャンボ鶴田さんは、僕が入門した頃には残念ながらすでに身体を壊されて、第一線ではなかった。でも、馬場さんだけでなく、ジャンボ鶴田さんにも身をもって痛さを教えてもらったことがある。

それは入門してすぐの頃。まだロープワークも覚えていないような時期に鶴田さんが道場にやってきて、新弟子の僕を見て「よしっ!」と言ったかと思ったら、スーツ姿のままリングに上がってきて、いきなり僕をロープに飛ばして、革靴で顔面にビッグブーツを叩き込んできた。

ロープに振られたのはいいが、走り方がわからないから変な跳ね返り方になってしまうし、ビッグブーツを食らっても受け身の取り方もまだ覚えていないから、ビックリしたのと痛さでわけがわからなくなってしまった。

「どうだ、痛いだろ？」

突然入ってきて、突然振られて、突然蹴られて……鶴田さんの存在は強烈なインパクトで僕の中にインプットされた。

多分、鶴田さんは「プロレスは痛いんだぞ！」というのを新弟子の自分に教えたかったと思うが、やり方があまりにも昭和だ（苦笑）。

馬場さんの脳天唐竹割り、鶴田さんのビッグブーツ……全日本プロレスのルーツである偉大な2人の「痛い！」という遺伝子を注入してもらったのは光栄なことだ。

ちなみに本来の鶴田さんは優しい人。三沢さんは僕のことを「フジマル」と呼んでいたので、鶴田さんも「フジマル君！」と可愛がってくれた。

鶴田さんがプロレスで体験してきたこと、筑波大学大学院で研究していたスポーツ理論を軸とした『ジャンボ鶴田のナチュラルパワー強化バイブル』という本を出版する際には、デビューしたばかりの僕を筋トレのモデルにしてくれたこともあった。

馬場さんが亡くなったすぐあとの3月6日、鶴田さんは日本武道館で引退して、ポートランド州立大学の教授に就任するためにアメリカに旅立ったが、残念ながら翌2000年5月13日に肝臓移植の手術中に亡くなっている。

こだわりの空中殺法、様々な難技に挑戦

馬場さんが亡くなり、鶴田さんが去ってしまった全日本プロレスで、僕はますます空中殺法に磨きをかけて自分のプロレスを作っていくことに邁進した。

「デカい人にはできないことをやる」

「先輩がやっていないことをやる」

それはデビューした時からずっと変わらない根っこの部分だ。

あとはやっぱり大きい人に試合の印象でも負けたくないという部分で、当時の自分には飛び技でしか人に見せることができなかった。

「俺はこんなことができるんだ！」

「他の人にないものを見せる自分の売りはここだ！」

当時はいつも空中殺法のことを考えていて、ビデオを見て研究したり、メキシコに行って本格的なルチャ・リブレの技術を学んでみたいとも思っていた。

天才と言われることもあるけど、ぶっつけ本番で高度な空中殺法ができるわけがな

い。夜な夜な道場でリングの上に大きなマットを置き、その上に人だと仮定してタオルを敷いて、落ちる位置を調節して……と、試行錯誤しながらマスターした。

三沢さんのヘッドシザース・ホイップと同じフォームの雪崩式フランケンシュタイナーや、エプロンからロープに飛び乗ってさらに向かいのロープに飛び乗っての2ステップ・ムーンサルトアタックは定番の空中殺法だ。

99年5月2日に馬場さんの引退興行として開催された東京ドーム大会では菊地さんとタッグを組んで浪花&橋組と戦い、フォールこそ奪えなかったものの、シューティングスター・プレスを浪花さん相手に成功させた。ライガーさんのオリジナル技だが、当時は誰も使い手がいない幻の技だった。前に飛びながら後ろ回転という理屈に反するシューティングスター・プレスは最も難易度が高い空中殺法だ。

その4ヵ月後の9月18日の後楽園ホールで行われた『ファン感謝デー』では、普段は組むことのない小橋さんと組ませていただいて大森隆男&橋組と対戦して、橋さんにフェニックス・スプラッシュを仕掛けた。

初代タイガーマスクが引退前に考案して、ハヤブサさんが完成させた技だ。後方半回転捻りから前方1回転半のフォームは完璧だったと思うが、落ちる位置をミスして自爆してしまったのは悔しかった。

それでも最後は前方に450度回転してプレスする450スプラッシュを成功させて橋さんからピンフォールを奪った。

この技は、スコーピオのオリジナル技で、ハヤブサさんはこれをファイヤーバード・スプラッシュの名称で得意技にしていた。

アンタッチャブルに見習いとして加入

リング上のポジションも一介の若手レスラーから変わっていった。

99年5月2日の東京ドームの馬場さん引退興行の翌日5月3日付で三沢さんが社長、百田光雄さんと川田利明さんが副社長に就任して会社は新体制になった。

そして新体制としての初シリーズとなった『スーパーパワー・シリーズ』第3戦の5月25日の京都・KBSホールでセミファイナルの8人タッグに抜擢された。

フリーから全日本所属になった垣原さんが正式メンバー、僕は見習いメンバーとして三沢さんと小川さんのアンタッチャブルに加入し、小橋&秋山&志賀&金丸のバーニングとアンタッチャブルｖｓバーニングの８人タッグが組まれたのだ。
ファンの頃に超世代軍ｖｓ鶴田軍の８人タッグをよくテレビで観ていた気がするが、全日本で８人タッグが組まれたのは４年ぶりだという。

試合では志賀さんの新技クロスアーム式のスイングＤＤＴでフォールを取られてしまったが、小橋さん、秋山さんと試合ができたのは刺激的だった。

７月18日には同じアンタッチャブルのカルテットで聖鬼軍の川田＆田上＆井上＆橋組と対戦して川田さん、田上さんを体感することもできた。

小川さんは試合の中で「ああしろ」「こうしろ」と言うのではなく、細かい技術の部分を教えてくれた人。同じユニットに入ったからというのとは関係なく、腕の取り方、首の取り方、足の取り方……腕１本を攻めるだけで10分を使うといった技術を教えてくれる人だった。

当時は10分腕を取って試合を組み立てるよりも空中殺法で自分を見せることに重点を置いていたが、小川さんの技術はトップに行った時に絶対に大事なこと。メインイベントのシングルマッチ60分１本勝負が組まれた時には、そういう技術で長期戦に持ち込まなければいけないこともある。だから当時の僕はそういう技術を身に付けつつ、飛び技をやっていた。

そうやってヘビー級、ジュニア・ヘビー級の区別なく上の先輩に揉まれているうちに、それまでは1回も勝てなかった金丸さんと何回かに1回ぐらいは20分時間切れに持ち込めるようになった。

待望の初勝利から意識改革が始まった

自力による初勝利は99年3月31日の新潟市体育館。浅子さんと組んで金丸&橋組と戦い、橋さんからダイビング・ボディプレス……三沢さん式のフロッグ・スプラッシュでフォールを奪うことができた。タイムは12分10秒だった。

「誰に報告したいですか?」

「今までお世話になった人に」

記者の人とそんな会話をした記憶がある。この時の「お世話になった人」は馬場さん。タッグマッチとはいえ、馬場さんの故郷で初めて自分で勝てたことは嬉しかった。

そして待望のシングル初勝利を挙げる日がやってくる。

デビューしてからちょうど1年の8月28日、小橋さんが故郷で興行を手掛けた京都・福知山三段池公園総合体育館での橋さんとの20分1本勝負で、フロッグ・スプラッシュから片エビ固めで遂に自力でピンフォールを取ることができた。タイムは14分23秒だった。

当時は一番下だったから後輩はひとりもいなかったわけだけど、先輩に勝って初白星を挙げたというのが嬉しかった。近しい先輩だからと気を遣っていたら、いつまでも上にいけないのである。

「先輩だから譲るところは譲るけど、譲れないところは譲れない！」

そういうものを身に付け始めていたのだろう。金丸さんと引き分けられるようになったあたりから自分の意識改革が始まっていたのかもしれない。

上の方の試合にも出させてもらったり、いろいろな経験をさせてもらっていた中で、周りを見ることができるようになったことが大きかったと思う。

相手あっての試合でも、デビューしたての頃は自分のことだけで精いっぱいだから周りが見えない。どういうことかというと、自分のことだけしか考えていないから試合をコントロールすることができないわけだ。

相手は先輩ばかりだったが、相手をコントロールしてやろうと考えられるようになったのが、デビュー1年ぐらいだったような気がする。

試合を自分の意思でコントロールして相手を動かすことができなければ、いつまで経っても新人。自分の試合にはならない。

最初は精いっぱいだったものが、周りが見えて相手をコントロールできるようになり、自分が描く試合ができるようになってきたこの時期は、どんどん自分のプロレスが楽しくなっていった。

それがひとつの結果や形になってきたから、全日本プロレスの看板が大きかったとはいえ、99年度のプロレス大賞の新人賞をいただくことができたんだろう。

四天王プロレスと自分は違う見せ方を！

翌2000年1月22日に後楽園ホールで開催された『あすなろ杯争奪トーナメント』では決勝で金丸さんの壁を超えることができずに優勝は逃したものの、1回戦で当たった森嶋さんに丸め込みながら初めて勝つことができた。

橋さんにも森嶋さんにも勝つことができて、高校時代のレスリングでもそうだったように、詰められなかった差がだんだん詰められるようになったことを実感した。デビューから1年、1年半……近しい先輩との差を徐々に詰め、アンタッチャブルに加入したことで、トップの先輩たちとも対戦する機会にも恵まれた。

ファンの時代に憧れの目で見ていた〝四天王プロレス〟を体感することもできたが、正直な気持ちを書くと〝四天王プロレス〟というものは当時の自分にとっては別物という感覚だった。

「俺の踏み込む部分じゃない」

そんな感覚があったような気がする。身体が小さいというのもあったし、ジュニア・ヘビー級という明確な枠組みがある中で、ジュニア・ヘビー級のスタイルで先輩たちの試合よりも目立とうという気持ちの方が強かった。

「同じ団体の中で、ジュニアのまま自分のスタイルで試合をして、あの四天王の試合を超えてみたい!」

そんなことを思っていたと書くと生意気だったように思われるかもしれない。でも、同じ土俵で勝負したって敵わないというイメージがあったのだ。

「あのステージに上がることを目指すのではなく、自分は違う見せ方をしよう」

若手ながら自分なりの方向性を考えていたような気がする。

全日本時代にできた3人の後輩たち

そうやって自分なりに上を目指していた僕にも後輩ができた。99年8月19日に大相撲の元前頭の力櫻《りきおう》こと力皇猛……リキさんが入団。27歳でのプロレス転向だ。

さらに新人発掘のために初めて開催した『一般公募オーディション』に合格した小林健太。のちのＫＥＮＴＡ、さらに言うなら今現在ＷＷＥで活躍しているイタミ・ヒデオだ。そのオーディションでは20〜30人の応募者がいて、三沢さんと小橋さんが試験官で、お手本を見せるために僕とか志賀さんもいた。合格者はＫＥＮＴＡを含めて5〜6人。本人にも言ったことがあると思うけど、ブリッジが一番奇麗なのがＫＥＮＴＡだった。

合宿所入りはＫＥＮＴＡが先だったような気がする。まだまだ僕も自分のことで精いっぱいだったし、合宿所には僕よりも先輩の人たちがいたから、そんなに僕が指導したということはなかった。掃除とか雑用とか普通の仕事を教えていたんじゃないかと思う。新弟子時代のKENTAは大人しかった。でも、今でも記憶があるのは体格的にも実績的にも全然敵わない秋山さんとスパーリングをやって、ボロボロにされながらもしがみついていったイメージが凄く残っている。その頃から、あの負けん気は持っていたわけだ。

KENTAの他に入ってきたコたちは全員脱落して誰も残らなかった。リキさんは身体が大きかったから、基礎運動から大変だった。腕立て伏せも僕と橋さんとか森嶋さんでリキさんの身体の下にロープを入れて、引っ張り上げてヘルプしながらやっていた。でも、僕がリキさんのことを凄いと思ったのは、結婚していたから合宿所への住み込みではなく車で通いの形だったけど、お相撲で実績を残してきた人間がちゃんと朝一番で道場に来て、トイレ掃除や洗濯など新弟子と同じところからやっていたこと。ちゃんこは僕が作るよりはるかに美味かった。

そして違う意味で凄いと思ったのは、魁皇関とか武双山関が合宿所にリキさんを迎えに来たりしていたこと。さすが元幕内力士だ！　さらに2000年には、高校3年生の時に出会っている「ヤベえ奴」が入ってきた。

そう杉浦貴である。

代々木体育館でレスリングの大会をやった時にプロレスの提供試合があって、その時に杉浦さんがレスリングの先輩の本田多聞さんにプロレスに入る相談をしに来て「あっ、あの時の人だ。ヤベえのが入ってくる」とすぐにわかった。

杉浦さんは奥さんも子供もいたが合宿所に住み込んだ。もちろん新弟子と同じように掃除をして練習をして。でも、ちゃんこの時に隠しながらビールを飲んでいたのは杉浦さんぐらいだ（苦笑）。ビールを飲みながらちゃんこを作る練習生なんていないだろう。先輩にバレないようにキッチンの上の棚に隠しながら飲んでいたのだ。

高校時代に会っているが、僕の方が先に入っているから杉浦さんは「丸藤さん」と呼んでくれた。僕も「杉浦さん」とか「スギさん」と呼んでいた。それは「リキさん」と呼ぶのと同じだ。

この世界は入った順とはいえ、人として、人生経験として上の人間に対して、そこは敬うべきだと思う。でもノアになってから入ってきた鈴木鼓太郎は3年後輩だが、森嶋さんと同じで1歳上なのに「鼓太郎」と呼んでしまう。鼓太郎は鼓太郎なのだ（笑）。

全日本時代にデビューしたのはリキさんとＫＥＮＴＡ。

杉浦さんは元々ポテンシャルが高いし、基礎運動、スパーリング、もちろん雑用も自衛隊でこなしていたから特に僕がアドバイスするようなことはなかった。

苦労したのはプロレスの受け身を覚えるということだけだったと思うが、デビューそのものはノアに移ってからだ。

新人・小林健太のデビュー戦を務める

ＫＥＮＴＡとリキさんの2人は2000年3月に後楽園のバトルロイヤルでプレ・デビューを果たした。

話題性と身体があるリキさんのデビュー戦は5月28日の後楽園ホールで井上さんと組んで秋山&森嶋組と激突するという破格なもので、秋山さんの逆エビ固めに敗れはしたものの、あの秋山さんにラリアットを決めるなど話題性十分だった。

一方のＫＥＮＴＡは、その4日前の5月24日の青森県総合運動公園体育館の第1試合20分1本勝負で一介の新人としてひっそりとデビューした。

この時、ＫＥＮＴＡのデビュー戦の相手を務めたのは僕だった。

正直、この試合は緊張した。というのもデビューする新人は観客を目の前にすると、緊張して練習以下のことしかできないが、それでもしっかり引っ張り上げてやるのが先輩のプロとしての器量ということになるからだ。

誰かがデビュー戦をやる時、周囲の選手はデビューするコではなくて意外に相手を務める選手を見ている。そして時には控室に戻った時に新人ではなく、先輩の方が怒られる場合もあるから、相手を務める方にプレッシャーがかかるかもしれない。

当時のKENTAは、まだ初々しい19歳（といっても学年で1歳下なだけだが）で、体重は75キロしかなかったが、努力もしていたし、凄く頑張ったと思う。

全日本伝統のアームドラッグ、腕の攻め方、ドロップキック、ミサイルキック、ダイビング・ボディアタック、前方回転式のウラカン・ラナ……と、できることを精いっぱいやっていた。最後、頑張るKENTAに決めてやったのは身体が反り返ってしまうほどの強烈な逆エビ固めだ。

「追いつけるなら、追いついてみろ！」

それが初めての後輩に送ったエールだった。そしてKENTAは全日本プロレスからノアに転じて、僕の生涯のライバルになっていった。

全日本を退団、ノアへと移籍

リキさん、KENTAがデビューした『スーパーパワー・シリーズ』終了後、三沢さんに付いて全日本プロレスを退団した。僕だけではない。川田さん、渕さん、太陽ケアさんを除く全選手と大半の社員が全日本を辞めて、新団体のプロレスリング・ノアの設立に参加したのである。

正直、当時の僕には会社内部の詳しい事情はわからなかった。三沢さんにしても若造に細々したことを話してもしょうがないと思っていたに違いない。

結果的にシリーズ最終戦の6月9日の日本武道館で池田大輔さんと組んでジョニー・スミス&ジョージ・ハインズに負けてしまったタッグマッチが全日本プロレス所属としての最後の試合になってしまったが、その時点で「最後！」とわかっていて試合をしていたのか、わかっていなかったのかも記憶が曖昧《あいまい》だ。

つまり、その程度の記憶しかないくらい、何も聞いていなかった。

「俺はこうするから」

どこかのタイミングで……それも人がいっぱいいるような状況ではなく、一緒にご飯を食べている1対1の時に話をされて、ただ単純に自分も付いて行くしかないと思ったような気がする。

「こういうふうになったから」

「俺はこうするから」

多分、そんな感じだったと思うが、何と言われたかは本当に覚えてない。少なくとも三沢さんは誰に対しても「来い！」という言い方はしてないと思う。

だからプロレスリング・ノアという新団体を旗揚げするためにどういう動きをして、どういう予定になっていたのかということは、一切知らない。

後々、三沢さんと仲田龍さん、小川さんとかの数人で始めようとしていて、「新人も一から育てて」みたいな計画だったという話をどこかで聞いたような気もするし、本当に僕らは勝手に付いて行ったという感じだったと思う。

三沢光晴には人が集まってくる何か不思議な魅力がある。

そして僕の感覚では、すべてが用意されたところに行っただけ。

6月9日の日本武道館が終わって、6月16日にディファ有明で新団体（まだノアという名前は付いていなかった）の発足記者会見があった。

「記者会見をやるからネクタイを締めて来いよ」

そう言われて、ただ出席したという感覚だった。

「自分がプロレスラーとしての精神面、技術面の向上を図るには、この選択が一番だと思って決めました。よろしくお願いします」

それが記者会見でコメントを求められた時の言葉だ。

結局、全日本プロレスには入門から2年3ヵ月しかいなかったが、プロレスラーの丸藤正道というものを作り上げてくれた場所だった。練習もそうだし、先輩との時間もそうだし、合宿所での時間もそう。非常に濃い時間を過ごさせてもらった。

こんなことを書くと「今の若いもんは……」という年寄りの愚痴のように思われてしまうかもしれないし、時代の差というものもあるだろうが、ノアになってからの新弟子たちとは環境が全然違った。

もちろん今の時代に無理強いするつもりもない。でも、だからこそ、あの時代を経験してよかったと思っている。いろいろな部分でやらざるを得ない状況だったし、無理矢理にでもやらされたというのが本当のところだけど、それが幸せだった。

ジャイアント馬場さん、ジャンボ鶴田さんに接することができたのも大きな財産になっているし、本当に濃密……毎日が濃くて、薄い日は1日もなかった。

あの全日本プロレスでの2年3ヵ月がなければ、今現在の僕は絶対にいない。

[第三章] 出航

方舟への乗船の決意、そしてＧＨＣジュニア戴冠

初タイトル戦で不知火《しらぬい》を披露!

プロレスリング・ノアは2000年8月5日と6日のディファ有明での2日間興行で旗揚げした。記念すべき旗揚げ第1戦では志賀さんとタッグを組み、第3試合で井上&金丸組との対戦だった。

この日からコスチュームをショートタイツからパンタロンに変えた。

当時はパンタロンを穿いている日本人選手はそんなにいなかったから、そういうところから新しいものを見せていかなくちゃいけないという意識だった。

同時に、ノアという新団体になったのを機に、三沢さんのテーマカラーのグリーンからも卒業することにした。

あの時、みんながコスチュームを変えたけど、別に誰に言われたのでもなく、三沢さんに勝手に付いて行くという中で、選手それぞれに「できることはやろう」という考えがあったんじゃないかと思う。

旗揚げ戦の試合は、志賀さんはひとつひとつの技や動きが正確だから、僕の雑なところをカバーしてくれてやりやすかった。結果は志賀さんが金丸さんを腕ひしぎ十字固めで仕留めて初陣を勝利で飾ることができた。

対戦相手の井上さんと金丸さんはノアが旗揚げする前にＦＭＷに参戦して邪道＆外道組からＷＥＷタッグ王座を奪取していたから、タッグ王者に勝ったというわけだ。

そして旗揚げから２ヵ月後の10月８日、みちのくプロレスのディファ有明でザ・グレート・サスケさんが保持するＮＷＡ世界ミドル級のベルトに挑戦した。デビュー３年目に突入しての初めてのタイトルマッチだ。

旗揚げ１ヵ月前の７月５日と６日に開催されたメキシコＡＡＡの『トリプレマニアⅦ』に出場して、当時はバトラーツ所属だった田中稔さん、闘龍門（現在はドラゴンゲート）の堀口元気選手とトリオを結成してイリミネーションマッチをやったり、グラン浜田さん、イホ・デル・アグアヨとのトリオで６人タッグマッチをやったり、ルチャドールたちの練習にも参加して少なからず技術を吸収していたので、序盤戦のルチャ・リブレ的な独特の流れには対応できていたと思う。

でもサスケさんは、当時の僕とはオーラ的なものが圧倒的に違っていた。試合は完全に引っ張られる形になってしまった。

表面的には僕が攻めているように見えたかもしれないが、最後はサスケさんの必殺技サンダーファイヤー・パワーボムにやられてしまった。

それでも収穫は計り知れなかった。今でもフィニッシュ・ホールドとして使っている不知火を初めて使うことができたからだ。

実は、不知火は全日本プロレスの時に完成していた。でも、それを出す機会、シチュエーションがなかったというのが正直なところだ。

相手の顎を右肩に乗せるように首を固定し、コーナーを駆け上がって後方に1回転して体重を浴びせながら後頭部を叩きつけるという立体的な技は、当時としては斬新だったので大事にしたかった。

技というのは適当に出してしまえば、適当な技になってしまうから、注目を浴びる試合を待っていたが、みちのくプロレスという他団体であり、そこのエースで日本ジュニア・ヘビー級界のトップであるザ・グレート・サスケとのタイトルマッチというのは、これ以上ない最高の舞台だった。

不知火のヒントをくれたのは、現在メキシコのCMLLでOKUMURAとして活躍している奥村茂雄さん。

「カナダにこんな感じの技をやっている選手がいたんだけど、丸藤君にピッタリな技だと思うからやってみたら？」

全日本プロレスにフリーとして参戦していた奥村さんに道場でヒントをもらったのがきっかけだ。

奥村さんはカナダ・カルガリーによく遠征していて、そこで現地のボスのスチュ・ハートの孫のテッド・ハートが使っていたことを話してくれた。

実際には見たことがない技だから頭の中でイメージして、奥村さんに実験台になってもらって試したら、1発目で鼻血を出させてしまった。

初めてやったから感覚がまったくわからなくて、僕の肩が奥村さんの顔面に入って潰してしまったのだ。

そこから何度か練習して完成させたのが不知火。

鼻血を出しながらも付き合ってくれた奥村さんには感謝しかない。

サスケさん相手に初めて使った時には名前はなく「ムーンサルト式裏ＤＤＴ」とか言われたりした。正式に「不知火」と命名したのは、その20日後のことだ。

初めてのベルトはFMWのタッグ王座！

2回目のベルト挑戦はサスケ戦から間もない10月22日のディファ有明だった。金丸&井上組のWEWタッグ王座に本田多聞さんとのコンビで挑戦。志賀さんとのコンビで金丸挑戦の経緯は全然覚えていないけど、多分、旗揚げ戦で志賀さんとのコンビで金丸&井上組に勝った時に「勝ったんだからベルトに挑戦させろ！」とアピールしたのが活きていたのかもしれない。なぜ、多聞さんとのタッグになったのかも憶えていないが、あまりにも体格とスタイルが違うから、逆にやりやすかった。重さは多聞さんが出してくれればいいし、それ以外の部分は僕が出せばいい。うまくいかなそうで実はうまくいくタッグだったんじゃないかと思う。

レスリングで84年のロサンゼルス、88年のソウル、92年のバルセロナとオリンピックに3期連続で出場している多聞さんは、プロレスの試合では特にレスリング出身を売り物にはしていなかったものの、オリジナルの回転地獄五輪など、ここぞという時には、圧のかけ方などレスリングの技術を駆使していた。

［第三章］

出航

方舟への乗船の決意、そしてGHCジュニア戴冠

試合は本田さんが金丸さんをこれもオリジナルのデッド・エンドでフォールして、僕はデビュー2年2ヵ月にして初めてベルトを腰に巻くことができた。

そして10月29日にはFMWの後楽園ホールに乗り込んで大矢剛功&リッキー・フジ組相手に初防衛戦。大矢さんもリッキーさんも大ベテランだが、このベルトはFMWという団体の大事なベルトだと思ったからこそ、王者としてしっかりと戦った。

そして最後はリッキーさんに不知火を決めて初防衛に成功！　しっかりと相手からフォールを奪えたことで、サスケ戦で使った新技の名前をこの日に初めて「不知火」とマスコミに発表した。イメージはバサッと斬る刀。妖刀・不知火である。

あの頃の技はみんな横文字だったから、逆に和風の名前の方がインパクトがあるんじゃないかと思ったし、これだけ個性的な名前だと、真似する人間がいても違う名前を付けにくいとも思った。**技も名前も真似されないように考えたわけだ**。

その後、WEWタッグ王座は12月23日、有明コロシアムにおけるノアの初のビッグマッチで冬木弘道&黒田哲広組に奪われてしまった。

冬木さんには全日本プロレスの匂いを感じる部分があった。

当時の冬木さんはFMWでエンターテインメント路線を推進し、やりたい放題の理

不尽大将に君臨《くんりん》していたし、あの体格や動きからすると自分たちとはまったく異質かと思っていたけど、実際に試合をやってみると、三沢さんとやっている感覚に似ていた。それは技云々《うんぬん》ではなく、間とか空気感だと思う。

ZERO—ONEと激突！　気持ちよかった対抗戦

ノアになってからAAA、みちのくにも出たが、このFMWとの一連のベルトを巡る戦いが、他団体に出始める大きなきっかけだったような気がする。

年が明けて2001年、橋本真也さん率いるZERO—ONE（現在のZERO1の前身）とノアの対抗戦がスタートした。

3月2日の両国国技館でのZERO—ONE旗揚げ戦のメインは、ノアでは組むことのない三沢さんと秋山さんがタッグを組んで出陣して、橋本さんと新日本プロレスの永田裕志さんと対戦するという刺激的な試合。そしてオープニングマッチは僕と星川尚浩選手のシングルマッチが組まれた。この時、星川さんはまだZERO—ONEの選手ではなく、4ヵ月前に大阪プロレスを辞めてフリーとしての参戦で、この試合で入団できるかどうかというテストマッチだった。

「前座扱いされてたまるか！」

向こうの事情に関係なく、僕はノアの代表としてのプライドを持ち、自分が何のために第1試合をやるのかを考えてリングに立った。キャリアで5年先輩の星川さんは真っ向からすべてをぶつけてくれた。もちろん、こっちも真正面からガンガン行った。最後はトラースキックから不知火を決めて勝った。気持ちのいい試合だった。そして、この試合後に星川さんはZERO—ONE入団を認められた。

他団体に出る時は緊張感もあるけど、普段やっている何ともない動きでもお客さんの反応が違うから気持ちいい。

お客さんからしたら僕のことが新鮮に映るかもしれないが、僕からしても他団体のお客さんは新鮮で、普段とは違うリアクションに発見があって楽しいのだ。

ZERO—ONEには4月18日の日本武道館での旗揚げ第2戦にも参戦して、この時はファン時代から見ていた高岩竜一さんと対戦した。

高岩さんとの試合は凄く勉強になった。同じジュニアであっても、スタイルの違いによってここまで試合の作り方が違うものなんだと実感させられた。

その違いがプラスの相乗効果どころか、掛ける相乗効果になったと思う。雪崩式フランケンシュタイナーをパワーボムで叩きつけられ、不知火はキャッチされてツームストン・ドライバーに切り返され、最後はラリアットでやられてしまったが、試合としてはヘビー級に値するパワーを体感できて面白かった。

この日のメインは旗揚げ戦よりさらにピリピリしていた。三沢&力皇組ｖｓ小川直也&村上一成（現・和成）組というメインカードが組まれ、僕らは〝何かあった時用〟としてセコンドに付いた。

振り返ってみると、あそこまでの対抗戦は後にも先にもあまりないような気がする。普段はセコンドに付くことがない多聞さんがいたのも明らかに〝何かあった時用〟だ。三沢さんがリキさんをパートナーにしたのは、プロレスのキャリアはなくてもイケイケの時だったからだと思う。元幕内力士だけにリキさんの打たれ強さが際立ったし、村上さんを相撲流のぶちかましで吹っ飛ばした時の迫力はさすがだった。

「何かあったら行っちゃえばいいから」

そんなことを事前に三沢さんから言われていた気がする。

試合は三沢さんが村上選手をフォールして試合は終わったが、案の定、小川さんが三沢さんに襲いかかったから、僕らはリングに飛び込んだ。

僕が行こうと思ったら、その前に池田大輔さんが小川さんに飛び掛かっていった。

「ヤベえ、やられた！」

そう思って小川さんに飛び蹴りをしにいったことを覚えている。三沢さんを守るというのはもちろんだけど、プロレスラーはみんな、どんなシチュエーションでも「自分が目立ってやろう」という感性を持っているものなのだ。

最終的にはノアのセコンドみんなで小川直也を袋叩きにしてしまった。

「別に普段、顔を合わせるわけでもないし、ぶっちゃけ、やったもん勝ちだべ！」

三沢さんはニタッと笑っていた。不測の事態に何のためらいもなく、一斉にリングに飛び込んでいった僕らのことを少しは頼もしく思ってくれたのかもしれない。

手のひらで転がされた初めての三沢戦

このZERO―ONEとの対抗戦の合間には忘れられない試合をやっている。
ZERO―ONE旗揚げ戦翌日の3月3日、ディファ有明で実現した三沢さんとの初めての一騎打ちだ。入場してくるところに奇襲のドロップキックを仕掛け、三角飛びのトペ・コン・ヒーロを見舞い、花道にいる三沢さんにセカンドロープからのブファドーラ（ムーンサルト・アタック）を決め、不知火だってやった。

しかし結論を言ってしまえば、自分自身の感覚では何もできなかった。

正確には自分の思い通りにいき過ぎていた。自分の思い通りにできているようでいて、動かされていたのだ。

言い方を変えれば、引き出されているのかもしれないが、それは自分自身がやっていることでなく、あくまでも引っ張り出されているに過ぎないということ。

三沢さんは元々ジュニアでやっていたから、こっちの動きにも対応してくる。そして当時のキャリアだと僕が三沢さんをコントロールすることは無理な話だ。やることをやっても全部吸収されて、完全に手のひらで転がされてしまった。

この試合では99年9月に失敗した後、一度も使っていなかったフェニックス・スプラッシュに1年半ぶりにトライしている。

何とか失敗のイメージを払拭《ふっしょく》しようという機会を探っていたが、不知火を初公開した時のように使う試合、シチュエーション、タイミングが凄く大事だと思っていた。

だから三沢さんとの試合こそがふさわしいと思ったのだ。

前は落ちる位置をミスして自爆してしまったけど、この時は三沢さんの身体をプレスすることができた。でも完璧ではなかった。肘が三沢さんの顔面に入ってしまったのである。もちろん故意ではないから、三沢さんがキレることはなかったが……。最後、三沢さんの120％エルボーを食らって、三沢さんにおんぶされて花道を下がる羽目に……その夜は飯が食えないぐらい頭がガンガンしていた。

結果はボロ負け。あの試合は完全に三沢さんの作品だった。

このように、お客さんからは善戦・健闘したように見えても、試合をした人間の感覚としては全然敵《かな》わなくて、自分の至らなさに悔しい思いをさせられることがある。相手に「敵わなかった」と思わせるものを三沢さん始め、小橋さん、秋山さんとかのトップの人間はみんな持っている。

そういう悔しい経験があるからこその今現在だと思う。それはもしかしたらマスコミやファンの人たちにはわからないかもしれないけど、レスラーとして譲れない、勝《まさ》りたい部分というのがあるのだ。

たとえば初めて試合をする選手は「こう取ったら、どう返してくる？」というような序盤のチェーン・レスリングでだいだい技量がわかる。相手の技量が明らかに劣る場合には、下手に技を受けると変な怪我をする可能性があるし、受け身が取れない技を仕掛けて怪我をさせてもいけないから、打撃で倒すか、関節技で極めてしまうのが常とう手段なのだ。

総合格闘技の練習で高阪剛さんとスパー！

この時期、刺激的だった出来事がある。髙山さんが01年2月末にノアを退団してフリーという立場になって総合格闘技イベント『ＰＲＩＤＥ』に進出する時、杉浦さんと一緒にトレーニング・パートナーを務めたことだ。

退団してからもフリーとしてノアに継続参戦していたから、試合前にいつも3人で総合格闘技用のスパーリングをしていた。シドニー・オリンピック出場を目指していたレスリングの猛者の杉浦さん、高校時代には格闘技系に傾倒してスーパー・タイガー・ジムに通った僕が髙山さんのもとに集まったのは自然なことかもしれない。

セコンドには付かなかったものの、髙山さんのＰＲＩＤＥ初参戦となった5月27日の横浜アリーナには見に行った。相手は同じプロレスラーの元新日本の藤田和之さんだったけど、髙山さんが負けた時には本当に悔しかった。

その1年後には杉浦さんもノアのプロレスラーとしてPRIDEに進出している。その時、僕は怪我で欠場中だったが、僕にもやってみたい気持ちは正直あった。ただ、プロレスとは違う練習の時間も作らなければいけないし、そこまで自分の気持ちに余裕がなかったのも事実だ。さらに会社もNGを出すだろうと思っていたから、結局、総合格闘技の舞台に出ていくことはなかった。

その代わり、杉浦さんが出る時には高阪剛さんのジムに一緒に連れて行ってもらったりして、高阪さんと成瀬昌由さんとスパーリングをやった記憶が強く残っている。

僕もある程度レスリングをやっていたが、いざスパーリングをやったら極められないようにするのに必死だった。高阪さんにはあっと言う間に極められてしまった。

「うわっ、スゲー！」

そんな感じでやられているのに「凄い！」と感心してしまったのが正直な気持ちだ。あれよあれよという間に足とかを極められてしまったが、そういう刺激はZERO—ONEとの対抗戦ではないけれども、絶対にプロレスラーが持っていなくてはいけない部分だと思う。

高阪さんのジムには2～3回連れて行ってもらった。

実は「俺も行ってみたい」と言う森嶋さんも一緒に行って、森嶋さんとジョシュ・バーネットとのスパーリングが実現したこともある。

森嶋さんも柔道をやっていたから格闘技の下地はあるのだが、バーネットはあの体格でウェートの軽い人間の動きをするから、やっぱり凄い格闘家だった。

だから今の若いコも、別にかっこつける必要も、構える必要もないんで、高校のレスリングでもいいから練習に行った方がいい。

ちゃんとしたタックルができない、タックルが切れないプロレスラーではかっこつかないから、ちゃんとした技術を身に付けてほしいと思う。

高岩さんを撃破してGHCジュニア初戴冠

さて、プロレスのリングに話を戻すと、01年6月に初代GHCジュニア・ヘビー級王座決定トーナメントが開催されて、菊地さん、浅子さん、金丸さん、橋さん、KE

NTA（当時は小林健太）、誠心会館の青柳政司館長、フベントゥ・ゲレーラ、マット・マーフィー、ジャーディー・フランツ、パス・ファインダー、BJホイットマーと共にエントリーされた。

1回戦はシードされたので、フランツに勝った橋さんを試合の流れの中で思いついたドラゴン・スクリューからの胴締め式のドランゴン・スリーパー（今で言うと新日本のSANADA選手のコールドスカルと同型の技）で仕留めて準決勝に駒を進めた。

準決勝の相手は、浅子さんに勝って上がってきたメキシコのフベントゥ・ゲレーラという難敵だった。フービー（ゲレーラの愛称）はメキシコの名レスラー、フェルサ・ゲレーラの息子。メキシコでもアメリカのWCWでも軽量級のチャンピオンになり、ライガーさんからIWGPジュニア王座を奪ったこともある。

この天才サラブレッド相手に、1年前に出場した『トリプレマニアⅧ』で学び、その後も自分なりに身に付けたルチャ・リブレも駆使して対抗したが「世界は広い」ということを痛感させられた。

結局、初代チャンピオンになったのは、フービーを倒した金丸さん。シングル王座初戴冠の夢は断たれてしまった。

一度は遠のいたGHCジュニア王座への挑戦のチャンスが巡ってきたのは、ノアの01年最後のビッグマッチの12・9日有明コロシアムだ。

「おい、丸藤、次はお前だ！」

ZERO—ONEの高岩さんが10月に金丸さんからベルトを奪い、当時のノア・ジュニアの重鎮・菊地さん相手に初防衛に成功した後、僕を指名してきたからだ。

4月の日本武道館で負けてはいるが、胸を借りる気などさらさらなかった。ここで勝たなければステップアップできないという気持ちだった。ベルトを獲ることがゴールではなく、それが始まりになると思っていたからだ。

有明コロシアムという大会場でノアのファンの人たちの「丸藤、行け！」という熱い後押しを感じていた僕は、99年5月2日の東京ドームで一度だけ使って封印していたシューティングスター・プレスで何とか高岩さんを攻略した。シューティングスター・プレスは、99年に初めて使う前に夜な夜な道場で練習していた時にロープの上に落ちたり、首からマットに落ちたりしていたから凄く恐怖心があった。

東京ドームで成功したのは、多くのお客さんが見ている試合だったからで、まだ完成はしていなかった。運動神経がいいと人には言われるけど、自分としてはそこまでいいとは思っていないので、あの技はとっておきの技として封印していたのだ。

でも、高岩さんとのあの試合では出さざるを得ない状況だった。そこまでしないと勝てない試合だったのだ。相手が高岩さんで、納得できる内容で勝てたからこそ、自分の中のジュニアがスタートしたと思うことができた。

高岩さんは僕を肩車して健闘を称えてくれた。

「高岩選手のおかげで、またひとつ階段を上がれて、ありがとうございました。まだ倒せない人がいっぱいいるんで、ひとつひとつイメージを重ねていき、最強のチャンピオンになりたいと思います」

ベルトを奪取した後にコメントしたが、それは偽らざる正直な気持ちだった。

新日本との開戦矢先にアクシデントが……

そして、年が明けて02年になると、この僕の言葉に呼応するように新たな敵が現れた。新日本ジュニアだ。年明け早々の1月4日、秋山さんがGHCヘビー級王者として新日本の東京ドームに出場して永田さんの挑戦を退けた。この時、秋山さんのセコンドとして同行した金丸さんに獣神サンダー・ライガーが食ってかかったという。

「僕が直接手を出されたわけではないけど、ノアにちょっかいを出したということは、このまま済ますわけにはいかないですよ。〝来れるもんなら、乗り込んで来いよ！〟ぐらいな気持ちですよ。僕にチャンピオンという肩書きが付いた以上、あっちから〝お願いします。やらせてください〟ってならないと」

今になってみれば随分と生意気な口をきいているが、相手が子供時代に好きだったライガーさんだとはいえ、ノアのジュニアの王者として、それくらいの気概を持っていた。この言葉が呼び水となって、1月20日のノアの後楽園ホールにライガーさんと田中稔さんが視察に現れた。

「フジマル、今後やることもあるだろうから、ちゃんと握手してこい」

この日は、三沢さん率いるWAVEと秋山さん率いるスターネスのイリミネーション4対4がメインだった。試合は僕らのWAVEが勝ち、試合後に三沢さんに耳打ちされたので、記者席にいた2人のところに向かった。

「やる気、あんのか⁉」

「いつでも乗り込んで来い！」

普通に握手するつもりが、ライガーさんに毒づかれて、こっちも熱くなってしまった。すると、あろうことか2人は勝手に緑のリングに上がってしまったではないか。

「俺たち新日本ジュニアは正々堂々、正面から来たぞ！　逃げも隠れもせんぞ！　秋山vs永田の熱さ以上の戦いをやるつもりなら、いつでもやってやるぞ！」

「ノアのジュニアは最強です！」

僕はそれだけ言って、改めて握手を求めたが、ライガーさんはそれを振り払った。

これでもはやノアと新日本のジュニア全面戦争は決定的になったが、皮肉なことに僕はこの抗争に加わることができなかった。

2月17日の日本武道館での第1ラウンドでは、菊地さんと金丸さんのコンビがライガー&井上亘組に勝った。当初、全面戦争の先頭に立っていたのは金丸さんだ。

この日、僕は王座決定トーナメントでは勝てなかったフービー相手に顔面をマットに叩きつける裏・不知火、そして正調の不知火で初防衛戦に成功。

いよいよ新日本ジュニアに目を向けようとしたが、その矢先の3月24日、京都・KBSホールでデビューしてから初めて大怪我をしてしまった。

この日は三沢さん、小川さん、佐野さんと組んでベイダー、スコーピオ、マイケル・

モデスト、ドノバン・モーガンとの8人タッグマッチだった。

試合開始5分頃に2ステップ・ムーンサルトをスコーピオにかわされて着地したが、その瞬間に左足が横に曲がって、体中に「ゴリゴリッ！」という音が走った。

ここから力が入らず、すぐにタッチして場外に転げ落ちてそのまま動けなかった。今までにない初めての、あの膝の感覚は非常に嫌だった。

試合が終わった後、救急車を呼んでいる間にベイダーがバックステージでずっと「大丈夫だから」とずっと抱きしめていてくれた。

検査の結果は左膝十字靭帯完全断裂。すでに決定していた4月7日の有明コロシアムでの橋さんとの防衛戦には出場したが、膝が簡単に外れる状態になっていたからテーピングで棒みたいに固くして臨んだ。縦とか横の動きは何とかなったものの、振り返ろうとした瞬間に捻るという動きで膝が外れてしまい、僕の天下は4ヵ月で終わってしまったのだ。

[第四章]

死闘

KENTAとの激闘、GHCグランドスラム、ジュニアへの回帰

壮絶だった復帰への道のりで考えていたこととは

「もう手術だな」

２００２年４月７日、有明コロシアムで橋さん相手のＧＨＣジュニア王座防衛戦。レフェリー・ストップ負けになってバックステージに運ばれた僕を見て、三沢さんは言った。

もちろん悔しい気持ちはあったが、正直、ベルトを持ちながらも自分のプロレスがあまり面白くなかった時期だったから、休むということが逆にいい時間になるんじゃないかという気持ちも心の片隅にあった。

新日本ジュニアとの開戦では、種だけ蒔いていなくなるのは申し訳なかったけど「いい意味でリセットできるのかな」というのが正直な気持ちだった。

これは全日本プロレスで育ったレスラーの伝統なのかもしれないが、怪我を理由に試合を休むというのは、僕の中ではあり得ない。誰かがストップをかけてくれないと休めない。

この時は三沢さんが僕にストップをかけてくれたわけだ。

ただし、手術と復帰に向けてのリハビリは想像を絶するものだった。手術はもちろん全身麻酔だったが、麻酔から目が覚めた時には痛くて左脚がまったく動かない状態。

「ヤベえ、これホントに治るのかな⁉」

最初に脚を下に降ろした時、血が下がっただけで激痛が走った。

まずは車イス、それに慣れてきた頃に松葉杖になって、松葉杖が2本から1本になり、松葉杖が取れたのは夏ぐらい。それでも危険だから常に装具を付けていた。

復帰のためのリハビリの前に、日常生活のためのリハビリは、結構早く始めていた。自分で曲げ伸ばしすることができないので、脚を機械の上に乗せて、機械の力で「グイン、グイン」と脚を曲げ伸ばしさせるというリハビリに毎日、取り組み、松葉杖が取れた後は病院の先生の紹介で東京の北区西が丘にあるＪＩＳＳ（国立スポーツ科学センター）という施設に行かせてもらった。

ＪＩＳＳはオリンピック選手や日本代表選手が練習する施設で、ウェイト・トレーニング用の体育館、競泳やシンクロナイズドスイミング用のプールからアーチェリーやフェンシングの練習場など、あらゆるスポーツの施設が揃っていた。

そしてメディカルセンター施設では日本代表などのアスリートたちがリハビリに取り組んでいた。そういう人たちとの交流は視野を広げさせてくれた。本当に凄い人たちばかりで、こっちがヒーヒー言ってるのに、女のコのアスリートも余裕でスイスイやっていた。そんな環境でしばらくリハビリさせてもらえたのは大きかった。

この欠場期間中、テレビでプロレスを見ることはほとんどなかった。というよりも、僕は今でも家でプロレスをテレビで見ることはあまりない。特に大きな理由はなく「普段は普通の人でありたい」ということだ。ファンの時はもちろんプロレスを見ていたけど、プロレスラーになってからは逆にあまり見なくなった。

もちろん、小橋さんのように24時間プロレスという人もいるし、ビデオを見て対戦相手を徹底的に研究するという人もいるが、考え過ぎてお客さんに伝わらないということも多々あって、僕の場合は映像で研究しない。

それよりも何の予備知識なしに、先入観もなしに、臨機応変に試合をする方がずっと楽しい。三沢さんも僕と同じで臨機応変にやるタイプ。試合を見て研究やシミュレーションする人ではなかった。

そんな感じで、欠場中にテレビでプロレスを見なかったのは意識して遠ざけていたわけではなかった。考えていたのは「こんな技ができたらいいな」ということ。まだ脚は動かなくても頭の中で発想は広がっていた。

怪我をしたからファイトスタイルを変えようとはまったく考えなかったし、「同じスタイルで怪我をする前よりも上に行ってやろう」と思っていた。

復帰と同時に三沢さんから卒業

復帰できたのは欠場から9ヵ月後の2003年1月10日、日本武道館。同じWAVEの先輩・小川さんと組んで菊地&金丸組と戦った。

復活をアピールするためにゴングが鳴った瞬間からノンストップで動き回った。いきなりミサイルキックもやったし、小川さんとの連係でトップロープからも飛び降りた。不知火も決めて、小川さんのバックドロップ・ホールドからのフィニッシュにつなぐことができた。

「初代タイガーマスクのように、ジュニアであっても団体の顔になろう」

自分を面白くして、ノアという団体を面白くして、世間に「プロレスは凄い！」というのを見せたいという大きな希望を持っての復帰だった。

だからこそ、1月シリーズ最終戦となった1月26日の神戸ワールド記念ホールでアクションを起こした。

この日は三沢さんと組んで小橋さんとKENTAの師弟コンビと対戦。僕が小橋さんの剛腕ラリアットに敗れてしまったが、結果に構わずマイクを手にした。

「三沢、小橋、田上、秋山……いつまでもこの人たちの時代が続くわけじゃない。誰か俺と一緒にノアを引っ張っていこうって奴はいないか⁉」

今、ノアで世代交代を叫んでいる若い選手たちを見ると、当時の自分を思い出す。復帰したのを機にシフトチェンジ……ずっと三沢さんの横に並ばせてもらうよりも、戦って学ぶということを自分自身、欲していたんだと思う。

「いいんじゃない？　発展的卒業という形で。自分の力でやっていくっていうのも必要だし、別に反対することはない」

この僕の行動は、結果的にはWAVE解散につながってしまうのだが、三沢さんは快く認めてくれた。

ノアが旗揚げした時のスローガンは「自由と信念」。自分で自由に考え、各自が責任を持って行動に移すようにというのが三沢さんの考えだったから、本当に思ったそのままをやらせてくれる感じだった。

ヘビーとジュニア……両方で充実した日々

僕のアピールに反応したのはリキさんと森嶋さんのタッグ、ワイルドⅡだ。2月シリーズ開幕戦でリキさんと組んで、田上&鼓太郎組相手に白星発進することができた。初めて田上さんの張り手を食らうなど、ジュニアもヘビーも関係なくやれるのは刺激的で面白かった。その後も小橋&ＫＥＮＴＡ組、髙山&杉浦組に快勝した。

中盤からは森嶋さんも正式に合流して、トリオで秋山&齋藤彰俊&橋組、髙山&バイソン・スミス&杉浦組などを撃破して、ワイルドⅡとのトリオでも全勝でシリーズを終えることができた。

もちろんジュニアもおろそかにしたわけではない。やはり2月シリーズの開幕戦だったが、金丸&橋組ｖｓＫＥＮＴＡ&杉浦組のジュニアのタッグマッチで、ＫＥＮＴＡと杉浦さんが仲間割れして杉浦さんが金丸さんに付き、3人でＫＥＮＴＡを袋叩きにするというシーンが生まれた。

こんなオイシイ材料を放っておく手はない。僕の中では新日本ジュニアとの全面戦争があろうが何だろうが、金丸さんは反対側のコーナーに立つ人間だという認識があったからＫＥＮＴＡの救出に入った。

ここで鼓太郎もＫＥＮＴＡの救出に飛び込んできた。鼓太郎もデビュー1年を過ぎて、何か飛躍のきっかけを探していたのだろう。

こうしてジュニア戦線は丸藤&ＫＥＮＴＡ&鼓太郎グループと金丸&杉浦&橋グループの2つに分かれる形になった。

そしてシリーズ最終戦の3・1日本武道館ではＫＥＮＴＡと組んで金丸&橋組に勝利。ワイルドⅡと組んでのヘビー級での戦いも面白いが、この新たな図式のジュニアの戦いも面白く、大きな可能性を感じさせてくれた。

ヘビーとジュニアの両方で充実した試合をしていた僕は、4月5日に金沢で森嶋さんと組んで秋山&齋藤組のＧＨＣタッグ王座に挑戦。ヘビー級のベルトに初挑戦した。

最後は齋藤さんのデスブランドでやられてしまったが、森嶋さんと僕の世代が食い下がったことに意味があったと思う。25分58秒という試合時間と濃密な試合内容でお客さんに、対戦した秋山さんと齋藤さんに、ノアの未来を感じさせることができたとしたら、それが一番の収穫だ。

この時点では、やはりヘビーの壁は厚かったし、高かった。でも、それでよかった。そういう人たちがいるからこそ、行動を起こした意味があると改めて思った。

KENTAとのコンビでタッグ王者に！

ジュニア戦線ではタッグ王座が新設されることになり、7月に「初代GHCジュニア・ヘビー級タッグ王座決定トーナメント」の開催が決定した。

エントリーされたのは丸藤&KENTA組、金丸&杉浦組、菊地&百田光雄組、橋&鼓太郎組、マイケル・モデスト&ドノバン・モーガン組、さらに他団体から新日本&大阪プロレス混成チームとしてライガー&村浜武洋組、ZERO―ONEから高岩&佐々木義人組がエントリーされた。

1回戦の相手は菊地さんと百田さんの大ベテラン・コンビだ。

昔の全日本の若手は、百田さんとの試合でいろいろなことを勉強したというが、僕がデビューした頃の百田さんはファミリー軍団の一員として悪役商会と抗争を展開していたので、シングルマッチで当たったことは一度もなかった。

このトーナメントの時点で百田さんは54歳。それでも空中殺法のトペ・スイシーダを決めるなど、目いっぱいのファイトを仕掛けてきた。日本で初めてトペを公開したのはメキシコ帰りの百田さんだったのだ！

決して身体の大きな人ではないけど、やっぱりお父さんが力道山という日本プロレス界の始祖なので、いろいろな意味で本当にプライドが高いというか、今のプロレスラーが絶対に持っていなくてはいけない「そうはいかない！」「舐められてたまるか！」という気概を持っている。そんな大先輩相手にこちらも礼儀として全力で戦い、最後は不知火で仕留めた。

2回戦はZERO―ONEの高岩&佐々木組。高岩さんとはGHCジュニア王座を奪取して以来1年7ヵ月ぶりの対戦。佐々木選手とは初対戦だ。

高岩さんとはお互いに手の内を知り尽くしているだけに、先を読み合うような目まぐるしい攻防を堪能《たんのう》させてもらった。

佐々木選手はパワフルで、闘志溢れる若手だった。お客さんが注目していたのは僕

［第四章］

死闘

KENTAとの激闘、GHCグランドスラム、ジュニアへの回帰

と高岩さんの再会だったかもしれないが、ＫＥＮＴＡと佐々木選手の熱い攻防が試合の主役になった。最後、ＫＥＮＴＡがブサイクへの膝蹴りをぶち込んで勝ったが、佐々木選手の熱い気持ちはしっかりと伝わってきた。

そして決勝の王座決定戦は7月16日、大阪府立体育会館。相手はライガー&村浜組。その1ヵ月前の6月10日、同じ会場で新日本のリングに鼓太郎を連れて初めて上がり、ライガー&金本浩二組という新日本ジュニア最強コンビのＩＷＧＰジュニア・タッグ王座に挑戦していた。

怪我で延び延びになっていたライガーさんとの初遭遇は……ファン時代に好きだった選手だけに対抗戦というシチュエーションでも楽しさを感じていたが、ベルト奪取に失敗しただけに今回は何が何でも勝たなければいけない。これはノア・ジュニア、さらに僕とＫＥＮＴＡの未来がかかった大勝負だった。ＫＥＮＴＡはシュートボクシング、リングス、ＤＥＥＰ、Ｋ―1に出場するなどジャンルを越えて活躍していた村浜選手と蹴り合い、僕はライガーさんと真っ向から勝負だ。

競り合いの中、ＫＥＮＴＡがライガーさんをブサイクへの膝蹴りで場外に転落させたところでチャンスが巡ってきた。村浜選手を肩車すると、そこにＫＥＮＴＡがトッ

プロープからブサイクへの膝蹴り。ウォリアーズのダブル・インパクトと同じ形の合体技だ！

そして最後はライガーさんの目の前で、あえてライガーさんが考案したシューティングスター・プレスを決めた。この技を使うのは3回目……高岩さんからGHCジュニア王座を奪取して以来だ。

こうして僕とKENTAは初代GHCジュニア・ヘビー級タッグ王者になった。

「ノアのジュニアは最強です！」

改めて、そう宣言させてもらった。

このタッグ・ベルト戴冠はKENTAがパートナーだったからこそだと思っている。もしKENTAがオレンジタイツのままだったら組んでいなかったと思う。僕が欠場中にそれまでの飛ぶスタイルから、自分のいいところを見つけて蹴り中心に変わって個性が出てきた。

「やるのもいいけど、組んでみてぇな！」

そんな気持ちがあったから復帰早々に救出にも入ったし、このトーナメントでもパートナーに指名した。実際、トーナメント中にもどんどん成長していた。

約2年間も続いた〝丸KEN〟時代

KENTAは、後輩という位置からだんだんと自分の横に普通に並んでいる選手になった。タッグを組んでいても安心して試合ができた。

普通はタッグを組むと相手を見なくてはいけないし、パートナーも見なくてはいけないが、KENTAと組んでいる時には任せられるから、相手だけを見ていればいいし、自分に集中できて試合が楽なのだ。

でもコミュニケーションはまったくない2人だった。

よく、お笑い芸人のコンビは私生活では別々だと言われるけど、KENTAと一緒に飯を食った記憶はほとんどない。普段、連絡を取り合うようなこともほぼなかった。プライベートでの付き合いはCDを貸してあげたぐらい。DA PUMPともうひとつ何かを貸したけど、まだ返ってきていない（苦笑）。

KENTAに限らず、その頃はそんなにお酒を飲んでいたわけでもないし、試合でいっぱいいっぱいになっていたから、試合後はパッと食事を済ませて、パッと寝てしまうというのが巡業中の生活だった。

付き人を離れても三沢さんは誘ってくれたけど、鼓太郎という新しい付き人がいるのに、もう付き人ではない僕が奢ってもらうわけにもいかないし、リング上でも戦い始めていたから、意識して三沢さんとは一緒に行動しないようにしていた。

いつしか、巡業中に一緒に飯を食いに行くのは森嶋さんとか、リキさんとか、同期に近い人間になっていったような気がする。

そんな感じだったから、ＫＥＮＴＡとは会場で顔を合わせて試合の時に横に並ぶという関係。それでも任せられるような選手になっていたのだ。

「鼓太郎が空中殺法をひょいひょいできてしまったことで、違う部分で勝負するために変わろうと思った」

ＫＥＮＴＡはそうは言っていたが、確かにＫＥＮＴＡはその頃のノア・ジュニアの人間が持っていないものを持っていた。

華麗さとは違う殺伐とした空気感、身体全体から発散させる闘志といった感情がＫＥＮＴＡにはあって、僕にはないものだった。

僕にはよく「天才」というキャッチコピーが付けられたが、自分では何をもって天才と言われているのかわからなかったし、KENTAが感情で戦っている部分を見て、凄く羨ましかった。あとは雑草と言われる人にも羨ましさがあった。

僕も別にエリートではなく、同じように入門して、同じように練習してきて、同じように試合をやってきたのに、雑草と言われる人間にはハングリー精神があって、あたかも僕にはないような感じで「天才」という言葉で片付けられてしまうことに悔しい気持ちがあった。デビューから20年経った今は、昔よりコンディションが悪い状況でやれることが減ってきた中で、感情的な部分でも戦えるようになったと思うが、感情を出すのは技を出すより難しいと感じていた。

KENTAとの話に戻そう。

「こんなん、できるんじゃね？」

特に打ち合わせする必要もなかった僕とKENTAは、そんな感じで合体殺法もやっていた。ベルトを獲った時のダブル・インパクト式ブサイクへの膝蹴り、僕のトラースキックとKENTAのハイキックのサンドイッチ、雪崩式不知火とパワーボムの合わせ技など、閃きと感覚でバリエーションが増えていった。

僕とKENTAは、深く話し合って煮詰めたタッグチームではなく、自分たちもお互いに何をするかわからないんだから、お客さんの方がもっとわからなくて当然だ。そんなところが面白いタッグチームだったのかもしれない。

もしかしたら2人のプロレス観は違っていたかもしれないが、根本的な基礎は同じだから、たとえ違っていたとしてもプロフェッショナルだから噛み合うものだ。

KENTAとは05年6月5日の札幌で金丸&杉浦組に奪われるまで金丸&橋組、フービー&マルビン組、菊地&百田組、エル・サムライ&井上亘組、小川&鼓太郎組、鼓太郎&マルビン組、杉浦&ケンドー・カシン組、SUWA&マルビン組、アギラ&フービー組相手に9回も防衛している。約2年の長期政権を築いたわけだが、これはジュニア・タッグの歴史の中で今も破られていない最多防衛記録だ。

それぞれのコンビが個性と強さを持っていて、さらに僕とKENTAが経験値を積んで強くなっていけたと思うが、特に印象に残っているのはフービー&マルビン組だ。他のチームとはカラーが違う試合……いい試合だったかどうかというと微妙かもしれないが、メキシコのトップの2人とやれたということで、僕とKENTAにとって経験値が凄く上がった試合だと思う。

あの試合では初めて不知火・改を使ったことでも思い出深い。技のヒントをくれたのはリッキー・マルビンで、そのマルビンに決めて勝つことができた。

不知火・改の原型はコーナーの上で相手を2人で抱えて同時にバク宙しながら叩きつける技。メキシコではマルビンとボラドール・ジュニアがモスカ・エスパニョーラという名前で使っていた合体技だ。

日本ではZERO—ONEに来ていたジョエルとホセのマキシモ・ブラザーズがスパニッシュ・フライの名称で使っていた。その技を腕のフックの仕方や抱え方を変えて、一人用の技にしたのが不知火・改だ。

GHCジュニア・タッグ防衛戦以外にも、KENTAとは04年4月25日の日本武道館でGHCタッグ王者だった三沢さんと小川さんに挑戦しているし、05年5月にはディファ有明で開催されたジュニアのタッグの祭典『第2回ディファカップ』で、KUDO&飯伏幸太組、カズ・ハヤシ&レオナルド・スパンキー組、日高郁人&藤田ミノル組に勝って優勝した。

この大会で印象に残ったのはデビュー1年足らずだった飯伏選手だろう。

一生懸命に自分をアピールしようとあらゆる空中殺法を使ってきた気持ちは凄く好感が持てた。でも「それだけじゃない部分がプロレスにはいっぱいあるんだよ」というものを試合を通して伝えたつもりだ。

僕とKENTAが変えたこと

ベルトを防衛するだけでなく、そうやって戦いを広げながら、僕とKENTAの丸KENコンビは「ノアにひとつの時代を作った」という自負がある。

GHCジュニア・タッグ王者なのに三沢&小川組のGHCタッグに挑戦するというのも昔だったらご法度《はっと》だったと思う。全日本時代にはジュニアの試合は前座の方で組まれていた。そうやってヘビーとジュニアにしっかり線が引かれていたからだ。ノアでもメインは当然ヘビーだった。でも「同じ団体、同じ会場、同じ興行でも、俺たちのジュニアの戦いは負けてないぞ！」という気持ちが強かった僕らには、身体が小さいというだけで何かができない、何かに挑戦できないというのは悔しかった。だから挑戦のアピールになったんだと思う。

三沢さんと小川さんがあえて応じてくれたのは、多分、会社的にも三沢さん的にもいろいろ変えていきたかったのではないだろうか。

三沢さん自身がジュニアからヘビーに転向した人だし、「できないヘビーよりも、できるジュニアの方が面白い」という気持ちはあったと思う。

その気持ちに応えなくてはと、マルビンに使って以来の不知火・改を三沢さんに決めたが、最後は三沢さんの変型エメラルド・フロウジョンに沈められた。

それでも僕とＫＥＮＴＡはヘビーとジュニアの垣根を確かに越えていたと思う。

ヘビーの選手とやると、やっぱり身体が小さいというのは本当にダメージも大きいし、結局は動き回るのもこっち。大きい人たちの何倍も努力しないと絶対に勝てないし、対抗もできないから、毎試合、全力を出していたと思う。

瞬発力もスピードもあって、ヘビーの人たちの攻撃に負けない耐久力を持っている自分たちの方が凄いという気概も持っていた。身体の大きい、小さいだけで線引きする必要はないんじゃないかと思っていた。

だからヘビーとジュニアは名前として括《くく》りはあるが、実際にはあまり境目がなくなってしまった現在の状況を良くも悪くも作ってしまったのは自分たち。

それ以前はヘビーが好きな人たちのファン、それにジュニアの好きなファンもプラスされて、来ているお客さんは倍だった。そう考えると申し訳ない気持ちもある。

ヘビーとジュニアの垣根を壊して、ヘビーとジュニアに好みが分かれていたファンを融合させてしまったから「良くも悪くも」という表現になってしまうのだ。

もうひとつ僕とKENTAが変えたと思うのはファンの気質だ。

僕らは年齢的なこともあっただろうが、昔の近寄りがたいレスラーではなく、今の週末アイドルみたいな親しみやすさがあったんじゃないかと思う。

結婚を発表した次の年にはたったの2個になっちゃったけど（苦笑）、あの丸KEN時代にはバレンタインデーにチョコレートを70〜80個もらっていた。

今は「原田クン！」「小峠クン！」「YO—HEYクン！」とか、女性ファンにクン付けで呼ばれる選手も少なくないが、その走りは間違いなく僕とKENTAだ。

それまでになかった「丸藤クン！」「KENTAクン！」という呼び方で黄色い声援をもらった頃が懐かしい（笑）

ジュニアの祭典優勝、秋山さんの白GHC奪取

KENTAとのGHCジュニア・タッグ王者時代は03年7月〜05年6月まで約2年

続いたが、もちろんシングルプレイヤーとしても上を目指していた。

04年2月21日には大阪城ホールで開催されたジュニアの祭典『第4回スーパーＪカップ』に出場。1回戦＝ＺＥＲＯ－ＯＮＥ代表の葛西純選手（現フリーダムズ）、準決勝＝ＷＭＦ代表のガルーダ選手、決勝＝大阪プロレス代表の村浜武洋選手に勝って優勝した。

印象に残っているのは葛西選手。ジュニアの戦いでありながら机の切れっ端で頭を殴って来たり、独特の空気感は凄かった。

決勝で当たった村浜選手はＧＨＣジュニア・タッグ王座決定戦でも対戦しているが、総合もやっていた人なのにプロレスへの対応力は天性のものだったような気がする。他の格闘技から来た人にありがちな変なリズムやクセがなかったし、トペ・コン・ヒーロもやっていたくらいだからプロレスが大好きな人だったんだろう。

雑なように見えて、ちゃんと対応してきた。恐らく、学ぶべきところで学んだら、プロレスでもずっと上に行けた選手だったと思う。

初めてヘビー級のシングルベルトを獲ったのもＫＥＮＴＡと組んでいる時期だった。

04年10月16日に徳島市立体育館で秋山さんからグローバル・ハードコア・クラウン無

差別級のベルトを奪取したのだ。このベルトは秋山さんが「普段はタイトル戦のない地方興行を盛り上げるために」と企画したもので、どの階級の選手でも挑戦できる無差別級王座の位置づけだった。

無差別級ということでヘビー級同士は40分1本勝負、ヘビーvsジュニアは15分1本勝負。引き分けなら軽量の方の選手にベルトが渡されるというのが基本ルールになっていたが、チャンピオンのアイデアで独自のルールに変更することも可能というもの。試合だけすればいいというものではなくて、自分なりにいろいろ考えてやらないと成立しないベルトだったから、もしかしたら秋山さんは中堅、若手に試合以外の部分でも考えさせる目的で作ったのかもしれない。

「このベルトはチャンピオンによってどんなカラーにも染められる白いキャンバス」という意味で、ベルトの台座の色は白。〝白GHC〟とも呼ばれていた。

秋山さんがヘビーで僕がジュニア……体重差は27キロもあったから15分1本勝負になり、勝てなくても15分戦い抜けば僕の勝ちになるが、やはり納得のいく形でベルトを巻きたかったから、頭も身体もフル回転させた。

普段は研究したり、戦略を練ることなどしない僕が、この時ばかりは試合会場を離れてもプロレスのことばかり考えていたかもしれない。

秋山さんは怖さを感じさせるプロレスラーだ。フェース・トゥ・フェースで顔を見合わせただけで怖い。

その怖さはボコボコにされるとかいう類のものではない。それならボコボコにされないようにすればいいだけの話だが、秋山さんは人として怖い。

四天王とか三銃士とか、トップの人たちにはいろいろなタイプがいるが、怖さで言えば秋山さんは圧倒的だ。多分、若手はみんなそう思っていたんじゃないかと思う。

そんな秋山さん相手には、秋山さんの想像を超えることをやるしかなかった。エプロンでの攻防からコーナーの金具を踏み台にして場外への断崖式不知火にもトライしたし、最後は場外乱闘の中で秋山さんのセコンドの橋さんを踏み台にして不知火を決め、カウント19でリングに滑り込んでリングアウト勝ちした。あれは気分が良かった！

初防衛戦は11月21日、仙台の宮城県スポーツセンター。挑戦者はこの年の7月にデビューしたばかりの潮崎豪だ。

潮崎はヘビーだから、基本ルールからすれば時間切れなら僕の防衛になるが、それでは面白くない。時間切れの場合には潮﨑の勝ちというルールに変更した。

「デビュー4ヵ月の新人の快挙なるか⁉」

ただ防衛戦をやるのではなく、そういう話題性を作るのも白GHCのチャンピオンに求められる重要な仕事だ。この試合は潮﨑の可能性を試すという部分と、後輩をいかに引っ張れるかという自分との勝負でもあった。

潮﨑の持ち味も引き出しつつ、15分以内にケリをつける。残り試合時間15秒で不知火を決め、14分48秒でフォール勝ちしたが、ギリギリの危ない試合だった。

年明け05年1月23日の神戸ワールド記念ホールでは59歳の誕生日を迎えたばかりの大ベテラン、永源遙さんの挑戦を受けた。無差別級とは階級だけではなく、年齢も関係ないという意味。この試合はタイトルマッチでありながら第1試合の10分1本勝負。時間切れなら永源さんの勝ちというルールだ。

「10分なら何とか持つかもしれない！」

そうコメントしていた永源さんだが、普段は見せないラリアット、DDT、喉輪落としなどで積極的に前に出てきて驚かされた。コーナーに突進してきた永源さんにカウンターのキックを見舞ったら、大量のツバが僕の顔面を襲った……。

［第四章］

死闘

KENTAとの激闘、GHCグランドスラム、ジュニアへの回帰

試合タイムは7分40秒。フィニッシュに不知火を出したのは永源さんへの敬意だ。毎日しっかりと走っていた永源さんは本当に元気だった。

トップの人とやるのも大きな課題だが、永源さんのような大ベテランの人とやって、どれだけお客さんを沸かせられるかというのもひとつの課題だっただけに、この試合によって、またひとつ成長したのかなと思うことができた。

次の防衛戦は3月5日の日本武道館。これまで新人、大ベテランとやってきて、3度目にして同世代のモハメドヨネさんの挑戦を受けた。ヨネさんは3年先輩になるが、森嶋さんやリキさんとともにヘビーを盛り上げていくべき人だった。

この日のヨネさんは凄い気迫だった。結局、キン肉バスターをまともに食らって負けてしまったが、何だか「強いヨネさん」が嬉しかった。

この日のメインではリキさんが絶対王者と呼ばれた小橋さんを撃破して、僕らの世代から初めてのGHCヘビー級チャンピオンが生まれた。

自分自身はベルトを失ってしまったけど、ヨネさんの凄いところが出たし、リキさんも結果を残せたことを考えれば、僕らの世代にとって、凄く意味がある大会だった。

僕のプロレスを広げた鈴木みのるとのタッグ

白GHCのベルトを失っても存在を消されるつもりもなかったし、まだまだやりたいことがあったから、立ち止まることはなかった。

外敵として前年04年からノアに上がるようになった鈴木みのると合体したのだ。彼とは前年9月10日の日本武道館で一騎打ちをやっていた。キャリア、畑、試合運び、何もかもが違うし、年齢も向こうの方が全然上だが、試合をしていて純粋に楽しかった。今までやってきた人たちは、みんなやり合う選手ばかりだったのが、打撃をひょいひょいよけられたりという彼のようなスタイルは初めてだったかもしれない。

グラウンドの攻防でも絶対に譲らないみたいなところがあった。あの人は深いレスリングや寝技の技術を持っているから、それを出しているだけ。たとえば空中殺法が得意な選手が飛ぶように、あの人はグラウンドや打撃で魅せられるから、それを見せていたということだと思う。

ノアの選手とはまったく違うけれども、ひとつひとつの技や攻めが理に適っていて、

[第四章]

死闘

KENTAとの激闘、GHCグランドスラム、ジュニアへの回帰

自分の考え、世界観をしっかり持っていた。

「相手の光を消してやる！」

プロレスは相手を光らせ、それ以上に自分が光って勝つものだみたいなことを言われるのに対し、昔の鈴木みのるは正反対のことを言っていたと思うが、僕はそんな彼の世界に呑み込まれたつもりはないし、光を消されるどころが、僕の光は僕自身を光らせたと感じたから、試合をしていて楽しかった。

最後、スリーパー・ホールドで落とされて負けてしまったけど、僕の方から握手を求めたのは、楽しかったから素直に手が出たんだと思う。案の定、拒否されてしまったが、バックステージでコメントしていたら彼が現れた。

「おい、手を出せ！」

鈴木みのるはそう言うと、僕の手を握った。きっと僕と同じように試合をしていて楽しかったからこそ、何かを感じてくれたからこそ、そういう行動に出たのだろう。もう1回戦ってみたいと思ったし、組むことによって鈴木みのるに丸藤というスタイルをぶち込んでみたら、意外に噛み合うんじゃないかとも思った。

僕のプロレスを広げる人間が現れたような気がしていた。

その鈴木みのるが再び僕の前に姿を現したのは、ヨネさんとの白GHCタイトルマッチの3日前の水戸市民体育館。

「迎えに来たぞ！」

試合後、突然現れた鈴木みのるは僕を車に乗せて東京に戻った。あの人ならやりかねない、ファンやマスコミの人たちに向けての絵作りだ。

帰りの高速のパーキングエリアで夕飯をご馳走になっていろいろ話をしたが、一致したのは「面白きゃいいや！」ということ。もちろんずっと戦っていくのも面白いかもしれないけど、この人と組んでノアの人たちと戦った方が自分のためにもノアのためにも刺激になると思ったし、こんな我がままな人間と組んだら、どんなタッグチームになるんだろうというワクワク感もあった。

今までいろいろな人とタッグを組んだけど、一緒にいてプロレスの話をしたのは鈴木みのるが一番多いかもしれない。面倒臭いぐらいプロレスが好きな人だ（苦笑）。いろいろ昔話も聞かせてくれたが、勉強になったものはないと思う（笑）。

リング上では「駄目なものは駄目、いいものはいい」という人だった。〝なんちゃって〟や嘘はやらない人なので、そこは勉強になった。嘘臭いことをやっても、それはやっぱり嘘だし、理に適《かな》っていなければ、それも嘘。それはお客さんに伝わるものだからというプロレスに対して本当に真摯《しんし》な人だった。

初めてのタッグは4月3日の後楽園ホールで、相手は田上&SUWA組。無理に合わせるのではなく、試合でやるべきことがお互いにできた。特別なことをするのではなく、普通のことが普通にできるというのが大きかった。

田上さんにダブルのアキレス腱固めを極め、SUWAには僕がスワンダイブしての合体パイルドライバーを決めた。これはさらにゴッチ式パイルドライバーにスワンダイブを合わせる形に進化した。縦の空間を使っての合体殺法は最近みんなやっているが、僕と鈴木みのるが走りだったんじゃないかと思う。そこには僕の『キン肉マン』好きやゲームの『ファイヤープロレスリング』をやっていた影響もあると思う。鈴木みのるとのタッグから7年後の2012年の『グローバル・タッグ・リーグ戦』でヨネさんと組んだ時には、僕のスワンダイブとヨネさんのキン肉バスターを合体させた漫画そのままのマッスルドッキングを武器に優勝している。

話を05年当時に戻そう。鈴木みのると組むようになってもKENTAとの丸KENコンビとしてGHCジュニア・タッグを持っていたし、5月には前述のようにジュニアのタッグの祭典『第2回ディファカップ』に優勝して刺激的な日々を送っていた。しかし6月5日、札幌メディアパークスピカで約2年、9回の防衛を重ねてきたベルトを金丸&杉浦組に奪われてしまった。コンビとしての密度が違うという自負があったから防衛する自信はあったが、試合巧者の金丸さんが杉浦さんをうまく操縦した。そのインサイドワークは見事だった。だから負けはしたものの、ノアのジュニアの最高レベルの試合をしたと実感できた。

僕はそれまで鈴木みのると組むなど自分の気持ちを第一に考えてきたから、この王座転落を機にKENTAの気持ちも尊重しつつ、組むならば組む、彼がひとりでやりたい時はひとりでやればいいということで意見がまとまった。

そしてKENTAは金丸さんが保持していたGHCジュニアのシングルのベルトに狙いを定めた。僕はすでにタイトルマッチが決まっていた鈴木みのるとのGHCタッグ奪取に専念することになった。

当時のGHCタッグ王者は三沢&小川組からベルトを奪取したスコーピオ&ダグ・ウイリアムス組。僕らは挑戦するためにイギリスに向かった。

6月16日に日本を発《た》ち、翌17日にまずオーストリアで第1戦。この時はタッグマッ

［第四章］

死闘

KENTAとの激闘、GHCグランドスラム、ジュニアへの回帰

チではなく、それぞれにシングルマッチをやって勝ったが、僕はその後に3WAYマッチに出場してタイトルマッチで当たるウイリアムスにロールスルー・ジャーマン・スープレックスを食らってフォール負けしてしまった。

翌18日、イギリスのランカシャー州マンチェスターのモアカムドームでいよいよタイトルマッチ。当然、僕らにとってアウェーだが、ノアのヨーロッパ圏での知名度は高く、王者チームに負けないくらいの声援をもらった。狙いはコンディション不良だったのか、試合についてこれなくなったスコーピオだ。

僕が首四の字を仕掛ければ、パッと入って来た鈴木みのるが足四の字、キャメルクラッチでスコーピオを捉えれば、僕がその顔面に低空ドロップキック……と、お互いに相手が求めるように自然に動けるのが強みであり、面白味だ。

最後は鈴木みのるのスリーパーで完全に動きが止まったスコーピオに不知火！　僕たちは第10代GHCタッグ王者になった。

試合後はリング上で地元のファンと記念撮影、その後にはサインにも応じた。あの鈴木みのるがサイン、握手攻めに応じているシーンはレア物だった（笑）。

翌日、ドイツのエッセンでもう1試合やって帰国したが、鈴木みのるはベビーフェ

ースの選手と試合をしたのに試合後に相手の健闘を称えると「鈴木！　鈴木！」のコールが起こってベビーフェース扱いに。あの人のことだから、きっとそうなることを計算して相手を称えたに違いない（笑）。

初防衛戦は7月18日、東京ドームで秋山&橋の師弟コンビの挑戦に応じた。

「橋って、誰？」

「秋山は指名したけど、お前の犬とか、金魚の糞とか、子分とかを連れてくんな！」

例によって鈴木みのるの毒舌が冴えわたり、それによって橋さんが発奮した。全日本に入門した時のすぐ上の先輩だった橋さんと、東京ドームという大舞台でタイトルマッチができたのは嬉しかった。

でも、鈴木みのるとのタッグは意外に短かった。

9月11日に名古屋で齋藤&杉浦組相手に2度目の防衛に成功したものの、10月28日の大阪で森嶋&ヨネ組に敗れて王座から転落。その後も年末までコンビを継続したが、僕も鈴木みのるも常に面白いことを探している人間だから、お互いが顔を向ける方向が同じならまた組もうという感じで発展的に解消という形になり、むしろタイミングが合えばノア以外のリングで組むようになった。

鈴木みのると組んでいた時期、ファンの人からは「今の丸藤は面白くない」という声が出ていたのは知っていた。それまでＫＥＮＴＡと組んでいた時とはスタイルが違ったからしっくりこなかったのかもしれない。でも、あのタッグは鈴木みのるという個性的なパートナーにうまくつなげる、相手をうまくコントロールするなど、自分のプロレスにとって凄くプラス効果があったと思っている。

初代タイガーの凄さを体感

ただ鈴木みのるとのタッグに一区切りをつけたことで目標を見失ってしまったのも確かだった。そんな時、目が向いたのは丸ＫＥＮコンビからシングルにシフトして、金丸さんを撃破してＧＨＣジュニア王者になっていたＫＥＮＴＡだ。

年明け1月22日の日本武道館でＫＥＮＴＡのベルトに挑戦して膝蹴り3連発で負けた。彼のデビュー戦からシングルで6回戦って全勝だったが、この日はＫＥＮＴＡの方が強かった。この頃のＫＥＮＴＡは本当に輝いていた。

この敗戦で新たな目標が生まれた。こうなったらジュニアの源流と言われる「初代タイガーマスクと試合がしたい」という気持ちが芽生えたのである。

全盛期の81年～84年は2歳～5歳の時だからビデオと漫画でしか見てないが、高校時代には東大宮のスーパー・タイガー・ジムにも通っていたし、間違いなく影響を受けた人物のひとりだ。

その初代タイガーマスクとの対戦が実現したのは3月10日のリアルジャパンプロレスの後楽園ホールだった。

ファンの人たちはタイガーマスク＝四次元殺法というイメージが強いと思うが、まず感じたことはグラウンドにまったく隙がないこと。極められた時とか、押さえ込まれた時とか、動きの中に隙間がない。ひとつひとつが見せかけじゃなくて極めるところは極める、持つところはしっかり持つというのが一番強く感じた部分だ。

攻防の中で容易に切り返すことができないし、切り返された時はガッチリ極められる。のちに対戦する藤波辰爾さんもそうだけど、昭和の人たちの譲らない強さとでも表現したらいいだろうか。

ローリング・ソバットやミドルキックなどの蹴りもやっぱり凄い。僕がシングルをやらせていただいた時は48歳だったが、メチャクチャ蹴りがシャープだったので正直ビックリさせられた。試合しながら何度も「凄い！」と思った。もしかしたら見ている人にはわからない部分だったかもしれないが……。

もう、そんなに飛ばなかったけど、ロープの間をクルッと回るフェイントとか、ドロップキック、ダイビング・ヘッドバットはやっていたし、全盛期のタイガーマスクとやったらどうなっていたのだろうと、ファンの感覚に戻ってしまった。

「プロレスはナチュラルな戦いじゃなきゃいけない」

佐山さんはそう言うが、それはプロフェッショナルのレスラーとして持っていなければいけないものはちゃんと持っていなければいけない、という意味だと解釈している。それがグラウンドの動きなのか、タックルの動きなのか、打撃の動きなのか……全部だと思うけど、そうした技術がしっかりと前提としてあった上で、見ている人を魅了する四次元殺法なんだと思う。恐らく佐山さんはグラウンドとかで対応できないような相手だったらボコボコにしちゃうだろう。多分「こいつは違う！」と思ったら、やってしまう人間なんだという怖さを試合しながら感じた。

結局、この試合は逆さ押さえ込みで負けてしまったが、丸め込み技でフォールを取られたのはプロレス人生の中で初めてだったような気がする。

初代タイガーマスクにリベンジできたのは実に7年3ヵ月後の2013年6月7日のリアルジャパンの後楽園ホール。腕ひしぎ十字固めで勝つには勝ったが、試合前に大仁田厚率いる邪道軍団の襲撃を受けてタイガーは左脚を痛めてしまっていた。

こっちのプライドとして左脚を攻めずに腕を極めて勝ったわけだが、不本意な試合になってしまったという思いが今もある。

田上さんを攻略！……も小橋さんには玉砕

初代タイガーマスクとの対戦5日前にもモチベーションが上がる試合があった。前GHCヘビー級チャンピオンの田上さんとシングルマッチをやったのだ。

舞台は3月5日の日本武道館。この大会では秋山vs鈴木みのるのGHCヘビー級タイトルマッチをメインに、小橋vsKENTA、三沢vs森嶋、田上vs丸藤の世代闘争と言ってもいいシングルマッチが多く組まれた。

結果はもちろん、内容でも他の試合に勝ってやろうと思ったし、ここで勝てばヘビーのベルトへの挑戦が見えてくる。それまでGHCのジュニア、ジュニア・タッグ、グローバル・ハードコア・クラウン、ヘビー級のタッグのベルトを巻いているだけにグランドスラム達成という明確な目標ができた。

田上さんはああ見えて（苦笑）、運動神経がいい。あの大きさで僕がやることに対してしっかり反応してきた。技の数はそんなに多くないけど、それでもしっかり見せる人だから、僕はひたすら動くしかなかった。

コーナー最上段からの断崖式喉輪落としも1回転して着地したし、逆に雪崩式喉輪落としを仕掛けて攪乱《かくらん》してみたりした。

それまでの田上さんとの試合を振り返ると、手足が長くて要所で力強く、細かい技術はもっていないかもしれないが、包み込まれて結果的にやられているということが多かった。体だけではなく、ファイトのスケールが大きいのだ。

この武道館の試合では手首もクラッチして丸め込む完璧首固めで勝ったが、あれは田上さんに勝つために考えたような技。動き回って隙を衝くことができただけだから、レスラーとしての器量では負けていたと思う。でも、あの試合は結果を出さなければいけなかった試合。勝ちは勝ちだ。

翌月の4・23日本武道館では小橋さんとのシングルだった。

小橋さんは本当に強かった。雪崩式ハーフネルソン・スープレックスにも自分から回転して受け身を取ったし、ドラゴン・スープレックスも1回転して立ったが、最後はリアルブレーンバスターでひどい落とされ方をして負けてしまった。

「これは勝てるぞ！」

そう思ったタイミングが一瞬たりともなかった。自分の中ではラリアットをカウント2で返せたことが偉かった、と褒めたいぐらいだ。それぐらいの完敗だった。

小橋さんには理屈が通じない。身体がごつ過ぎるから、理に適ったことをしているのに敵わない。方程式が崩されるというか、答えが全然見つからない。

それが掛け算であったり、足し算であったり、割り算であるということはわかっていても、数式のイコールのあっち側の答えが見えないのだ。

こんな言い方をしていいのかわからないけど、小橋さんは僕を使って、僕の動きを利用して「小橋、スゲー！」と、自分を目立たせる術を持っていた。

僕は僕自身を「スゲー！」というふうに持っていこうとしているのに、小橋さんはその上をいってしまう。たとえるなら、人のネタなのに、いつの間にか自分のネタにしちゃっているという感じ。結局、呑み込まれてしまう。小橋建太は誰とやっても全部自分の試合にしてしまう人だ。

小橋さんが突然の病魔に倒れる

当時のGHCヘビー級王者の秋山さんは、僕を次期挑戦者に考えてくれていたようだったのに、小橋さんに負けたことで水の泡になってしまった。でも、もっともっとヘビー級と戦いたいという気持ちが強くなった。

ノアの流れとしては7月、9月、11月の3回残っている日本武道館のいずれかで秋山vs小橋のGHCヘビー級タイトルマッチが実現するという気運が生まれた。その後、7月16日大会は脳梗塞で長期欠場をしていた髙山さんの復帰戦として髙山&小橋vs三沢&秋山が組まれたから、秋山vs小橋は9月に実現するものと思われた。

しかし、思いもよらないことが起こった。

6月シリーズのオフ中の健康診断で、小橋さんの腎臓がんが発見されたのだ。

手術と治療のために小橋さんは緊急入院し、髙山さんの復帰戦では小橋さんの代わりを佐々木健介さんが務めた。

ノアの大黒柱がしばらく戦列から離れることになった。この時、僕は柱の本数を減らしてはいけないと思ったし、小橋さんというひとつの柱がない状況で、そこに取って代わる柱にならなくてはいけないと決意した。

僕だけじゃなく、小橋さんが帰ってきた時に代わりの柱が1本じゃなくてたくさん増えていれば、試合にもいろいろな意味合いが出てくるだろう。僕らの世代に敵わないぐらいの勢いをつけておきたい。

髙山さんが復帰した7・16日本武道館では、KENTAと組んで森嶋さんとリキさんのワイルドⅡと対戦した。「今こそ僕らの世代をお客さんに見せつけよう」と4人が4人、目いっぱい戦った。早い時期に僕らの世代で日本武道館をいっぱいにできるようにしないといけない。僕らの世代みんながしっかりと考えてやらないと未来はないという気持ちだった。

気付いてみれば、あっと言う間の30分時間切れ引き分けだった。

「あのリングに三沢、小橋、秋山がいた方がいいなんて思った人がいるかだよね。俺たちは誰ひとり必要と思わなかった。俺たちだけでやっていけるよ。今日は引き分けで結果を残していないし、秋山さんに挑戦したい人間はいるかもしれないけど、ここは俺にやらせてみてほしい。秋山準がやりたいプロレスを俺がしっかりとやって、結果も残したいと思います。白いベルトの時とは違うものを必ず見せたいです」

試合後、僕はそうハッキリと自己主張した。

今のトップの人たちがガッタガタにならないうちに僕らの世代がきっちりと倒しておかないと、お客さんが納得する世代交代にならないだろう。

上の人が動けなくなったから下の世代が出てきたと思われたくないから、僕らの世代でトップの人たちを押し出していかないといけないという気持ちが強かった。

そのためには、まず僕が結果を出さなければならないのだ。

日本武道館でGHCヘビー初戴冠！

秋山さんは僕の気持ちをしっかりと受け止めてくれた。タイトルマッチは9月9日の日本武道館に決定した。

まずヘビーのトップに立つために体重を増やした。今は84〜85キロぐらいだけど、あの頃は10キロ重い95〜96キロぐらいあったと思う。

正直な話、自分のパフォーマンスをするにはきつかったけど、パワー負けとか、身体がどうのこうの言われるのが悔しいという気持ちがあった。だから食事、サプリメント、練習の仕方も変えて、筋肉を大きくして、高重量でガンガン練習して体重を増やしたのだ。

さらにタイトルマッチが決まってからは意識改革のひとつとして入場の時にオーバーマスクを被るのをやめた。

秋山さんの攻めは厳しかった。小橋さんを倒すために開発したスターネスダストα、受け身を取るスペースがほとんどないコーナーマットめがけてのエクスプロイダー、花道から場外へのボディスラムなど、本当にスターネスな技を仕掛けてきた。

自由自在に角度を変えてくるエクスプロイダーに必死に受け身を取った。すべての攻めが僕に対する問いかけのようにも感じられた。

これに対抗して僕も普通の不知火だけでなく雪崩式、場外フェンスを踏み台に場外フロアに叩きつける形、エプロンを踏み台に場外フェンスに叩きつける形の4パターンの不知火を発射した。

最後は田上さんに勝った時と同じく、試合の流れの中で完璧首固め！

27分29秒、僕は秋山さんを攻略して遂にGHCヘビー級のベルトを腰に巻き、GHCのグランドスラムを達成した。

当時を思い出すと、周囲から背中を押してもらっていた中で、本当に結果を残せただけだったような気がする。もちろん、あの時は結果を残すのが一番大事なことだったわけだが、周囲がすべてのお膳立てをしてくれて、いわばラッキーな勝ちだった。内容的には秋山さんの試合だった。決め技の名前は完璧首固めだけど、完璧な勝利とは言えなかった。

勝因のひとつには7月に息子が誕生したこともあったと思う。

「この前、自分に息子が生まれたんで。早くから負けないところをみせないと」

試合後、リング上の勝利者インタビューで「支えてくれたものは？」という質問にそう答えたが、息子が生まれたことで「頑張らなくちゃいけない！」という部分と、あの頃は何かと満たされていることが多かった時期だったからこそ、あの結果を出せたのかなという思いもある。

26歳で結婚。今現在、息子の夢は

自伝だから家族のことも少しは書いておこう。

入籍したのは2005年11月13日。その年の暮れにちゃんと公表したと記憶している。嫁さんの名前は「さとみ」。プロレスを知らなかったコで、馴《な》れ初《そ》めは地方でお世話になっている人の紹介だった。

付き合ったのは……嫁さんに「違うぞ！」と言われたら困るけど（笑）、半年は同棲したから、多分1年ぐらいは付き合ったんじゃないかと思う。

早い結婚だと言われるけど、きっと支えたい気持ちと支えられたい気持ちの両方があった。それに仕事をするにも何かひとつ、責任感みたいなものがあった方がモチベーションにつながるっていうのもあった。

初めてGHCヘビー級チャンピオンになった時、赤ん坊だった息子も今では小学校6年生になった。あまり試合を見に来ることはないけど、父親がプロレスラーで、どういうことをしているかというのは理解しているから、試合を見たら見たで喜んでくれる。学校でも僕がプロレスラーというのは伝わっているから、学校の行事もできるだけ行けるようにしている。

そんなに怖い父親じゃないと思うけど「パパ、怒る時100％だから怖い！」と言われたことが一度ある。プロレスラー気質というか、新弟子に対する「どうしてそれができないんだ⁉」みたいなものが出ちゃって、あとで反省する時もあったりする。

でも、年の半分近くは家にいないから、いる時には楽しんでもらえるようにとは思っている。父親と言うよりは、友達に近い感じだろうか。

今、ダンスをやったり、アクロバットの教室に行ったりしているが、僕と同じように運動神経はいい。バク転もできるし、不知火もできるんじゃないかなと思う（笑）。将来は……もしプロレスをやりたいと思ったらやってもいいとは思うけど、あまりお勧めはしないかな。

嫁さんが言うには、僕の知らないところで「プロレスラーになりたい」と言ってるらしいけど、「カプコンに入りたい」とも言っている。ゲームプログラマーとかではなくてメーカーの「カプコン」とは、かなり限定的だ（笑）。

まあ、父親が特殊な職業をしているんだから、息子にも自分の得意な分野とかを伸ばしてもらえればいいと思っている。

僕がプロレスラーになる時に母親に言ってもらったように**「やるなら本気でやれ！」**ということ。そこさえしっかり持っていてくれればいい。あとは人の痛みがしっかりとわかる人間になってほしい。僕はプロレスファンの子供たちの等身大のヒーローになりたいと思っていたが、息子にとって、やはり自慢の父親でありたい。自分を見て何かを学んでほしいというのがある。

ＲＯＨへの遠征でアメリカのファン気質を知る

プライベートな話はこれぐらいにして、06年9月のＧＨＣヘビー級王者になった当時に時間を戻そう。

秋山さんからＧＨＣヘビー級王座を奪取すると、早々にアメリカのＲＯＨから防衛戦開催のオファーがあった。ＲＯＨへの遠征は秋山さんと試合をする前から決まっていて、9月16日にニューヨークでＲＯＨピュア王者ナイジェル・マッギネスとノンタイトル戦をやることになっていたが、これをＧＨＣ戦にしてほしいというオファーだ。

［第四章］

死闘

KENTAとの激闘、GHCグランドスラム、ジュニアへの回帰

ROHには前年05年12月17日にニュージャージー州エジソンでアメリカン・ドラゴンを名乗っていたブライアン・ダニエルソン（現在はWWEでダニエル・ブライアンとして活躍）のROH世界王座にいきなり挑戦したのを手始めに、日本のシリーズの合間に定期的に遠征するようになった。

秋山さんからベルトを獲る前はKENTAとのコンビで呼ばれ、ダニエルソン&サモア・ジョー組やマーク&ジェイのブリスコ・ブラザーズなどに勝っている。

試合自体は日本とほぼ同じことをやっていたが、お客さんとの距離感とか反応を意識して試合をすると、日本とは少し間が違った。

日本とまったく同じタイミング、間合いで試合をすると、お客さんとの間に変な距離が生まれてしまう。日本よりも反応の早さ、大きさがあるから、自分勝手に動いてしまうと、お客さんを置いてけぼりにしてしまうという感じだ。

向こうのお客さんは盛り上がりたいわけだから、盛り上がるタイミング、楽しむタイミングをうまく掴んであげると、ずっと盛り上がりっぱなしになる。

でも、お客さんが声を出したい時にそれをさせない間を作ってしまうと、その後、ずっとシーンとしてしまうのだ。

だから最初の頃は「外国で試合をするのは苦手かも」と思った。日本のお客さんは結構、試合にじっと見入る人が多いけど、向こうのお客さんに「何で日本のファンはお金を払っているのに楽しまないんだ？　盛り上がらないんだ」と言われたことがあった。

向こうのお客さんは「金を払った分、盛り上がってやろう、楽しんでやろう」という感覚を持っているので、そこを意識しながらやるようにしたけど、お客さんが期待するタイミングを掴むのもそうだし、言葉が通じないから結構大変だった。

ある程度の日常生活の会話はできるとしても、試合中にお客さんに何かを言われた時にパッと返せる語学力を身に付けていなかったら、その時点でマイナスだ。でも、その頃はＲＯＨに行くと日本の技とか動きをみんな使っていたので、基本的に向こうのお客さんも日本のノアのスタイルは好き。だからタイミング、間をだんだんと掴めるようになってからは反応が良くなった。

そんな経緯があってのＲＯＨからのＧＨＣヘビー級タイトルマッチのオファー。ＧＨＣはグローバル・オナード・クラウンの略で「地球規模の崇高なる冠」という意味だからアメリカで防衛戦をやるのは大きな意味がある。

［第四章］

死闘

KENTAとの激闘、GHCグランドスラム、ジュニアへの回帰

9月16日、ニューヨークシティのマンハッタンセンターで開催された『グローリー・バイ・オナーⅤ』という大会でナイジェルの挑戦を受け、しっかりとお客さんのタイミング、間を掴んで試合を進めて、最後は不知火で初防衛に成功した。

試合中には「マルフジ、チャッチャッチャチャッ！」の手拍子が起こり、防衛した後にはマルフジ・コールも起こって、手応えを感じることができた初防衛戦だった。

その後、08年までROHに遠征したが、そんな中でブライアンやサモア・ジョーなどのトップの人たちやノアに来ていた選手と当ててもらっていたから、日本とROHを股にかけるライバルを作って「丸藤とこいつの対決が楽しみだ」みたいな存在がいれば、もっと盛り上がったかもしれない。

遠征していた最後の頃の08年夏にはデトロイトで丸藤＆ロデリック・ストロング組vs潮﨑豪＆クリス・ヒーロー組というカードが組まれたり、ニューヨークで潮﨑とのシングルマッチが組まれてポールシフトで勝ったこともあった。

何でそういうカードが組まれたかは忘れてしまったが、潮﨑がアメリカに長期遠征してROHに定着していた時期だったからかもしれない。

その時はROH側から「ノアの試合をしてくれ」と言われていたと思う。

振り返ると、あの3年間は忙しかった。日本で試合して、オフになるとアメリカという具合に休みなく日米を行き来していたから、いまだに使い切れていないほどのマイレージが貯まりまくったほどだ。

KENTA戦は先輩たちへの挑戦状

ROHで初防衛に成功した後、日本での初めての防衛戦にはKENTAを挑戦者に指名した。それも「俺がKENTAに挑戦する」という表現で指名した。

この年の1月22日にKENTAのGHCジュニア王座に挑戦して、初めてKENTAとのシングルに負けた悔しさを溜め込んでGHCヘビーにたどり着いたからだ。というのは表向きの理由で、本当は先輩たちに直接試合をして勝つだけではなく、試合内容でも越えてやろうという気持ちが強かったのだ。

「何でもできる！　やれることはすべてやってやろう！」

若かったから、本当に何でもできると思っていた。すべてやった上で、試合内容で先輩たちと勝負してやろうという気持ちだった。それがKENTAとだったらできると思った。

「技術的なものだったら、試合内容だったら勝てる！」

もしかしたら対KENTAよりも、先輩方への挑戦状という感覚だったかもしれない。10月29日の日本武道館で僕とKENTAはリミッターを外して、やれることは本当に何でもやった。

フェンス越えのラ・ケブラーダを放った時、僕はフェンスに首を強打して喉を打撲してしまった。首が折れたかと思うほどの激痛だった。

一方のKENTAは当たりどころがわるかったのか、額から血を流していた。その他に右手をクラッチする新型の不知火もやったし、久々に不知火・改だってやった。

KENTAも凄かった。エプロンでの不知火を切り返されて、場外にファルコン・アローで叩きつけられてしまったし、花道から場外フロアへのジャーマン・スープレックスまで仕掛けてきたのだ。これは1回転して着地したものの、コーナーマットへのダブルアーム・スープレックスはモロに叩きつけられてしまった。

最後はフィッシャーマンバスターの体勢で抱え上げて体を返し、みちのくドライバーの形で脳天からマットに突き刺す新技「ポールシフト」でようやくKENTAを仕留めた。ポールシフトとは惑星などの天体の自転に伴う極が何らかの要因で現在の位置から移動すること。隕石などが衝突すると南極と北極が入れ替わる現象が起こるという説があるらしく、そういった天変地異的な意味合いで命名した。

不知火は技に入るまでに時間がかかるので、そのまま決められる技がほしかったし、相手がヘビーでも持ち上げられる自信があったから、デカい人間でも同じように落とせるというヘビー相手に最適な技だ。

KENTAとの戦いの中で閃《ひらめ》いた技だから、これはKENTAに感謝だ。

35分34秒、戦いにピリオドを打った僕は、大の字になって立てないKENTAの右手を両手で握った。手を握れば、何か通じるものがあると思ったからだ。

「ありがとう。これからは俺たちがノアを引っ張っていく！」

花道を引き揚げるKENTAの背中にそう呼び掛けた。さらにマイクでこう続けた。

「俺たち2人のヘビー級のメインに何か文句がありますか？　小さいことは関係ない。これでヘビー級が活性化されればいいじゃないですか。かかってこい！」

「今後はどんな防衛ロードを？」

アナウンサーの言葉に三沢コールが起こった。

「皆さんの期待に応えられるように必ずそこに持っていきます！」

僕はそう答えた。

ＫＥＮＴＡ戦は06年度のプロレス大賞のベストバウトにも輝いた。ノアとしては03年度の三沢ｖｓ小橋、04年度の小橋ｖｓ秋山、05年度の小橋ｖｓ佐々木健介に次ぐベストバウトだ。

遂に越えられなかった三沢光晴という高き壁

今でも覚えているのは、ＫＥＮＴＡとの試合が終わった後の三沢さんの「俺にはできねぇ、試合だな」という言葉。

その時は「してやったり！」と思ったけど、のちのち考えたら「そこまでやる必要、ねぇんじゃねぇ？」という気持ちも入っていたのかなとも思った。「あの動き、あの試合はできないよ」という純粋な言葉だったのか、「そこまでやる必要もない」という言葉だったのか、どっちだったんだろうという疑問がずっと残っている。

三沢さんのコンディションは当時でギリギリだった。そこで僕が挑戦者に指名するかどうかはデリケートな問題。そんな中で三沢さん自身が挑戦に名乗りを上げてくれた。どうにか間に合ったというか、1年先だったら戦う意味がないという感覚だった。当時の僕は強気な発言を連発していたと思うけど、実際はチャンピオンとしてはあるまじきことだが、プレッシャーに負けそうだった。やはり不安な気持ちが大きかった。決戦は06年最後のビッグマッチの12・10日本武道館。

あのタイトルマッチは、三沢さんが力を出せた最後の試合だったような気もする。僕のアームドラッグの連発にもしっかり対応してきたし、タイガー・ドライバー91、エプロンからのトペ・コン・ヒーロ、タイガーマスク時代の必殺技タイガー・スープレックス85を雪崩式で仕掛けてくるなど、引き出しを全開にして向かってきてくれた。

それに対して、僕も最初に三沢さんとシングルで対戦した時よりはできていたと思う。でも、試合が経過するにつれて三沢さんに呑み込まれていってしまった。

それだけではない。試合のスタートから大・三沢コールという日本武道館の雰囲気にも呑み込まれてしまった。不知火・改は決めたものの、しっかりと受け身を取られて逆にワンツー・エルボーを浴びてしまったし、ポールシフトはブレーンバスター式のエメラルド・フロウジョンに切り返されてしまった。

勝負をかけて不知火を狙ったが、三沢さんはこれにこらえて僕の身体をコーナーに乗せると、自分もコーナーに上がって雪崩式エメラルド・フロウジョン！

それまではタッグマッチの連係でしか使ったことがない技だったから、これを食らったら返せなかった。

結局、僕の天下は3ヵ月で終わった。

もし、あそこで三沢さんに勝っていたとしても、まだ越えることはできなかっただろう。それからあの世代の人たちに何度も勝って、雰囲気やオーラみたいなものも身に付け、ようやく周囲の目が「ああ、世代交代したんだな」と変わるものだと思う。

実際、リキさんは僕よりも前に小橋さんを倒してGHCヘビー級チャンピオンになり、三沢さんの挑戦も退けたが「世代交代！」とは言われなかった。

時代のムード的には、僕と三沢さんのこの試合が世代交代の第一ステップだったかもしれない。しかし、一気にコケてしまったわけだ。

GHCヘビー級チャンピオンだった3ヵ月間は、本当の気持ちを書けば苦しかった。先輩たちが築き上げてきたものはあまりにも大きく、僕らが経験できなかったことをたくさんしてきた歴史があるだけに試合に勝っただけでは越えられない。

「試合に勝っただけで越えられないなら、どうやって越えればいいんだろう?」

そこが本当に苦しかった。あの時、ベルトを持っていてもプロレスリング・ノア=丸藤正道ではなかった。ベルトに関係なくプロレスリング・ノア=三沢光晴だった。

その印象をどう覆すのか……1回も答えが出たことはない。あまりにも答えが見つからなさ過ぎて、答え合わせをしようにも答えがない。もちろんカンニングもできないのだ。

三沢さんと最後にシングルをやったのは翌07年9月29日の大阪府立体育会館。GHCヘビー級王座次期挑戦者決定リーグ戦が行われて、決勝で森嶋さんのデカい身体をポールシフトで叩きつけて挑戦権を獲得した。僕は容赦なく三沢さんが爆弾を抱えている首を狙った。不知火、不知火・改も浴びせた。

三沢さんのコンディションは悪かった。もう自分のパフォーマンスを最大限に出せるようなコンディションではなかった。すべてにおいて僕の方が上回っていたはずだ。

それでも足を滑らせながら雪崩式タイガー・ドライバーを出してきたり、意地だけでやっていたと思う。僕がエメラルド・フロウジョン、エルボーバットにも立ち上がると、最後は体勢が崩れかけたものの、田上さん、佐野さんとの防衛戦で決め技となった変型エメラルド・フロウジョンを連発で出してきた。

本来の動きができなくなっていた三沢さんが最後の最後に出してきたものは意地だけだった。その意地に僕は負けた。僕は遂に三沢光晴を越えることができなかった。

杉浦さんとのタッグはいいリフレッシュに

三沢さんにGHCヘビーを奪われ、9ヵ月後の再挑戦でも敗れてしまい、ファンの人からは低迷していたように見えたかもしれないが、自分的には少しは気が楽になって、それからしばらくはヘビーの中でも自分を自由に動かせた時期だ。

たとえば杉浦さんとのタッグ。三沢さんに負けた翌月の10月27日の日本武道館で杉浦さんとディーロ・ブラウン&ブキャナン組に挑戦してGHCタッグ王者になった。杉浦さんにとっては初めてのヘビー級のベルトだった。

杉浦さんとのGHCタッグは翌08年5月にバイソン・スミスと齋藤さんのコンビに負けるまで、バイソン&齋藤組、ブリスコ・ブラザーズ相手に2度防衛という短命に終わった。見た目はあまりコンビ色が強い感じでもなかったと思うけど、気持ちのステップアップとしては本当にいい時期だった。

初めてジュニア王者になった時には左膝の大怪我で休んで気持ちをリフレッシュしたような感じだったが、この時は怪我をすることもなく、杉浦さんと組むことによって、いい感じで変われた時期だったと思う。

KENTAと組んでいた時はほとんど会話もなくパッとリングに上がっていたが、杉浦さんとのタッグの試合は2人で凄く考えた。

自分たちの身体のサイズとキャリアで、ディーロ&ブキャナンとかバイソン&齋藤とか、大きい人たちを倒すためにはどうしたらいいかというのを考えていた。

プロレスのキャリアは僕の方が上だけど、年齢は杉浦さんの方が上。プロレスに関するアイデアはキャリアで生まれてくるものもあると思うが、人生経験も意外に重要だったりする。そういう部分では杉浦さんの方が上だった。

杉浦さんは僕の知らない部分とか、感覚を持っている人間だったので、話をしていて勉強になることが多かったし、それによって身に付けることが結構あった。

「そういう捉え方があるんだ！」とか、プロレスのキャリアとしては下でも、杉浦さんはしっかりと考えを持っている大人だった。

そして繊細な部分も凄く持っている。東京スポーツですっかりエロいキャラになっちゃって、本人も秋山さんの白GHCのベルトに対抗して、GHCはGHCでもグローバル・オナード・キャバクラなるベルトを勝手に作ったこともあったけど、そんなにキャバクラ好きでもないし（笑）。

杉浦さんとのタッグは、そういった杉浦さんが内面に持っている目に見えない要素も試合に落とし込むことができたチームだったと思う。

佐々木健介と一騎打ち。飯伏、宮原とタッグ結成

杉浦さんとのタッグもそうだし、07年と08年は本当に自由なスタンスで動いていた。少し遡るが、三沢さんのGHCヘビーに挑戦する前の07年夏には、ジュニアへの原点回帰を宣言したKENTAの提唱で開催された『ジュニア・ヘビー級タッグリーグ戦』にDDTの飯伏選手と組んで参加した。

普段はヘビー級でやっていても、ウェート的にはジュニアだから参加資格はある。面白そうなことに首を突っ込まなければレスラーじゃないだろう。

『第2回ディファカップ』で対戦した時点で身体能力的な部分を含めて凄いと思っていたが、それから2年程度でそこに舞台があるならば輝くだろうし、僕がとやかく言うような位置ではない選手に成長していた。

まあ、彼も一風変わった選手なんで、特に会話をした記憶もなく、KENTAと同じように会場で顔を合わせて、リングで横に並び、それぞれの感性で動くチームだったが、それはそれで面白かった。

08年春から佐々木健介率いる健介オフィス（のちのダイヤモンド・リング）がノアに上がるようになり、6月13日の大阪府立体育会館での健介オフィス興行のメインで佐々木さんとのシングルマッチが組まれた。

ストラングル・ホールドZという初めて受けた技で負けてしまったが、あの頃は佐々木健介とシングルをパッとできるものでもなかったから、そこに選んでもらったというのは素直に嬉しかった。一言で表現するなら、佐々木さんもプロレス大好き人間。小橋さん以来のプロレス大好きっぷりが伝わってきた。

僕との試合を楽しんでくれたんじゃないかなという感覚はあったけど、要所ではやっぱり〝怖い佐々木健介〟というのはあった。それは技云々ではなく、秋山さんとかと一緒で向かい合った時とか、ちょっとした間で感じるものだ。

試合はやりやすかったが、ラリアットを食らった時、受け身を取るためではなく、まともに1回転させられたのはあの時が初めてだったかもしれない。右腕がモロに入って、喉が潰れてしまったのだ。

今より普段の声はもうちょっと高かったはずだし、歌を歌っても1オクターブぐらい上の音が出なくなり、裏声も出なくなってしまった。だから歌手デビューは諦めた（苦笑）。痛いからアルコール消毒しなくちゃいけないと思って、お酒を飲んだのが駄目だったのかもしれない（苦笑）。

健介オフィスつながりだと、この08年7月の『第2回ジュニア・ヘビー級タッグリーグ戦』は健介オフィスの若手だった宮原健斗と組んで出場した。

今は全日本プロレスのトップになっている宮原選手だが、当時はデビュー半年にも満たない新人だったし、ノアにいたのは若手時代だったから前座の試合が多かったけど、僕とか杉浦さんの評価は当時から高かった。

キャリアがなくても試合でぎこちないところが少なかったし、しっかりプロレスをしつつ、楽しみながらやっている姿が印象に残っている。

高校時代の先輩から故郷のベルトを奪取

あの頃はヘビー級で走り出した後にジュニアにも出たりしたから、世間的な僕への評価はあまり高くなかったような気がする。

でも「良くも悪くもヘビーとジュニアの垣根を壊してしまった」と書いたように、そもそも僕の中にはヘビーとジュニアの線引き、カテゴリーは存在していなかった。ジュニアだから弱いわけではないし、身体が小さいからデカい人に勝てないというのを覆したくて、そういうことをやっていた。

ファンの人の中にも、レスラーの中にも、線引きをはっきりした方がいいという考えが多かったと思うが、線引きに囚《とら》われることなく、プロレスラー丸藤正道の欲の部分で「やりたいことはやりたい！」という気持ちが強かった。

そうした中、デビュー10周年を迎えた08年夏、あるひとつの気持ちが芽生えた。全日本プロレスの世界ジュニア王座への挑戦だ。

10年間でとりあえずノアのベルトは全部巻くことができた。そんな僕がどうしても巻きたいと思ったのが、生まれ育った全日本のジュニアのベルトだった。

ジャイアント馬場さんの最後の弟子として、10年というひとつの区切りに原点に触れたいという素直な気持ちを表明した。

「このベルトに挑戦したいという言葉が通行手形だ」

当時の世界ジュニア王者の土方隆司はそう発言していたから、僕の挑戦に即座に応えてくれて、9月28日の全日本の横浜文化体育館での挑戦が実現することになった。

第1章でも書いたように土方さんは埼玉栄高校の1年先輩。世間から見たらそんなに大きなことではないかもしれないが、僕と土方さんの中にはひとつのドラマがある。

高校の時、すでに土方さんはプロレスに行く道が決まっていて、羨ましく思っていた存在だった。その人が全日本プロレスのチャンピオンになっていて、そこに挑戦できるというのは、僕の中では大きな物語だったのだ。

土方さんは強い先輩だった。得意のキックを連発し、執拗なサブミッションでギブアップを迫ってきた。グーパンチ、フィッシャーマンバスターも食らった。

土方さんは一直線の人だった。

この本を読んでいる人にはわかりづらいかもしれないが、試合をしていて土方さんから感じたのは「ああ、ちょっとお堅い感じの埼玉栄の卒業生だな」ということ。決して派手さはないけど、我が強い。そのあたりが「良くも悪くも埼玉栄の卒業生」という印象だった。

プロレスとは面白いもので、普段は見せないような、いつも接している時にはわからないような隠れている性格みたいなものが試合に出る。だから多分、プロレスをやると自分を隠すことはできないと思う。

ちなみに僕の場合は相手が嫌がることをどんどんやりたがるんで、意地悪な部分、ねちっこい部分が出てるんじゃないだろうか。

それはさておき、土方さんの猛攻を凌《しの》いで、最後は不知火・改、不知火、ポールシフトを連続で決めて、若手時代には挑戦することもできなかった世界ジュニアのベルトを奪取することができた。

ダブル・タイトルマッチでKENTAと死闘60分!

土方さんからベルトを奪取した直後、カズ・ハヤシ、近藤修司、NOSAWA論外、

ＭＡＺＡＤＡ、ＴＡＫＥＭＵＲＡといった全日本ジュニアの選手がエプロンに上がってきた。この全員と防衛戦をやってやろうと思ったが、初防衛戦は全日本のリングではなくノアのリング。相手は宿命のライバル、ＫＥＮＴＡになった。

ＫＥＮＴＡとは土方さんに挑戦する前日、ノアの大阪府立体育会館で丸藤＆マルビンｖｓＫＥＮＴＡ＆石森太二という組み合わせで60分３本勝負で試合をやり、１本目はＫＥＮＴＡのグラウンド式腕極め卍固めで奪われ、２本目はＫＥＮＴＡをポールシフトでフォールし、３本目はマルビンが石森の回転十字固めに丸め込まれて負けていた。試合は負けても僕とＫＥＮＴＡは１本ずつ取り合って互角。

あのベストバウトを取った06年10月のＧＨＣヘビー戦以来のシングルをやろうということで10月25日の日本武道館で特別試合での一騎打ちが決定したが、これを獲ったばかりの世界ジュニアの初防衛戦にしたいと主張した。

もしノンタイトルの特別試合としてやったとしても、負けたらベルトを持っていられなくなると思ったし、自分にとっては特別な思い入れがあるＫＥＮＴＡとの試合に付加価値を付けたいと思ったのだ。

全日本プロレスは僕の考えを尊重してくれた。ＰＷＦ公認レフェリーの和田京平さんが裁くということでタイトルマッチの許可が下りた。

この後、さらなる展開があった。10月13日の広島でKENTAがブライアン・ダニエルソンを破ってGHCジュニア王者に返り咲いたのである。

この日、僕はメインの6人タッグに出場したが、その試合後にKENTAが奪取したばかりのGHCジュニアのベルトを持ってリングに上がってきた。さらに視察に来ていた全日本の近藤選手もリングに飛び込んできた。

「おい、丸藤！　来てやったぞ。俺が全日本プロレスの近藤修司だ」と宣戦布告してきた近藤選手のことは「近藤選手、チケットを買ってきてくれてありがとう」と軽くいなし、次にKENTAと向き合った。

「素直におめでとう。でも日本武道館、世界ジュニアとGHCジュニアのベルト、さあどうする？」

「当然、俺も賭けてやるでしょ！」

これで10・25日本武道館での世界ジュニアとGHCジュニアのダブル・タイトル戦が決まり、その勝者が11月3日の全日本の両国大会で近藤選手の挑戦を受けることになった。

KENTAに勝ったら近藤選手との試合に2つのベルトを賭けようと思ったが、近藤選手は「俺はGHCのベルトはいらない。獲っても川に捨てる。受け取らないから」と言い、KENTAはKENTAで「世界ジュニアに興味はないんで、イコール彼（近藤）にも興味はない。僕が世界ジュニアを獲ってもすぐに返上する」と素っ気ない。頑なで面倒臭い2人に挟まれた僕は（苦笑）、KENTA相手にしっかり勝って世界ジュニアを防衛すると同時にジュニア2冠王になり、近藤選手ともしっかりやってやろうとモチベーションを高めた。

KENTAとのダブル・タイトルマッチは日本武道館のメインイベントになった。結果を先に書いてしまえば60分時間切れで決着はつかなかった。あの時の2人はランナーズハイのような状態になっていて、終盤に入るとさらに元気になっていた。今でも、さらに30分、60分できたんじゃないかと思う。

「これが駄目ならあれをしよう」

「ここを攻めて駄目なら、あそこを攻めよう」

試合をしながら頭脳をフル回転させて、次の展開を狙うということを繰り返しているうちに60分経ってしまったという感覚だ。勝てなかったので満足はしてないが、凄くいい経験になった。これが自分にとっては初めての60分フルタイムだった。

正直、ファンの評価はあまり高くなかったように感じた。昔はいざ知らず、この時代には60分時間切れというのは「やっぱり勝負がつくのが見たかった」と、お客さんにとっては納得がいかないものだったかもしれない。

でも、僕とKENTAは、そもそも勝ちにいっているわけだから、時間稼ぎをするつもりもないし、日本武道館という大きなステージで1万人を超えるお客さんを前にして、飽きさせちゃいけないというプロ意識を持ちながら勝負していた。

シングルで60分をやる選手、やる経験はなかなかないと思うし、その後の試合に非常に活きたと思う。60分をやっていたら、20~30分などへっちゃらだ。

そして11月3日には全日本の両国に乗り込んで近藤選手と2度目の防衛戦。近藤選手との試合は、最初にGHCジュニアを獲った時の高岩戦のようなイメージだ。

向こうは身体も大きいし、パワーもある。スタイルもまったく違う。でも、そこにうまく自分の動きを合わせていったら、大きさの違う歯車だけどピッタリ回ったという感覚の試合だった。

「ああ、こう来るんだ」

死闘

KENTAとの激闘、GHCグランドスラム、ジュニアへの回帰

「ジュニアなのにこんな返し方をするんだ」
「じゃあ、俺はこう返してやろう」

スタイルがまったく違うからこそ、凄く試合を楽しめた。最後はポールシフトでなんとか近藤選手を攻略。この試合は08年度プロレス大賞のベストバウトに選出された。僕にとっては06年のＫＥＮＴＡ戦に次いで2度目のベストバウト獲得だった。

次々に現れる異色の挑戦者たち

3人目の挑戦者は全日本ではなく同じノア所属の菊地さん。菊地さんは全日本所属時代に世界ジュニア王者になったことがあって、「世界ジュニアのベルトを腰に巻いたら、渕正信選手と防衛戦を行いたい」とぶち上げた。

菊地さんとの防衛戦は11月27日、菊地さんの地元・仙台で行われた。

ハッキリ言って、すでに菊地さんは全盛期を過ぎていたし、挑戦を表明した割には元気がなかったから序盤からイラついてしまった。でも、かつて渕さんがやったようにバックドロップ10連発で叩きつけると眠っていた火の玉小僧が目を覚ました。不知

火もポールシフトも2カウントで跳ねたのだから凄い。

最後はサイドに落とすポールシフトで3カウントを奪ったけど、勝利者トロフィーはエールのつもりで菊地さんに渡した。

「もっと来れるだろ、菊地毅！　仙台じゃなかったら3分で終わらせていたぞ！」

今の僕だったら言わないだろうが、まだ大人になりきれていなかった僕はそんなきつい言葉を吐いたと思う。でも、それは菊地さんに頑張ってほしいからこその言葉だ。

4人目の挑戦者もちょっと異色。NOSAWA論外だ。当時の彼は全日本の中で、かつての僕のパートナー、鈴木みのるとGURENTAIを結成して暴れていた。「次は俺しかないだろ」などと散々アピールしていると聞いたから、こちらから指名したわけだ。彼とはこの年の6月に後楽園ホールで開催された鈴木みのるのデビュー20周年興行で顔を合わせていた。NOSAWA論外&MAZADAの東京愚連隊とトリオを組んでサスケ&カズ・ハヤシ&TAKAみちのくの元みちのくトリオに勝っている。

鈴木みのるのお祝いのために参戦したのに、鈴木みのるとは関係ないカードを組まれた挙句、試合後には東京愚連隊にしつこく勧誘されたという経緯があった。

せっかく挑戦者に指名したのに「本当にやるの？　そんなに防衛回数を重ねたい

の？」とのらりくらりのNOSAWA論外を捕まえたのは、12月17日のプロレス大賞授賞パーティ。逃げられないように電話番号を交換した。

そして決まったタイトルマッチの舞台は年明け09年1月11日のディファ有明で僕のプロデュース興行として開催される『不知火　為虎添翼～為ノ巻～』。

いざ、リングで向かい合ったNOSAWA論外はやっぱり曲者だった。

セコンドのMAZADA選手をうまく操縦して「何でもいいからベルトを獲ってやる」という汚いけどガムシャラな選手と戦うことによって新しいものが見えた部分もあった、まったく〝論外〟ではなかった。

最高の舞台でカズ・ハヤシに敗れる

NOSAWA論外をポールシフトで仕留めるや、全日本ジュニアのエースとも言うべきカズ・ハヤシがリングサイドに現れた。

「ベルトを獲り返しに来ました。チャンピオン、異論はないよなあ？」

もちろん異論があるはずがない。全日本ジュニアの切り札が遂に出てきたのだ。舞台は2月6日、全日本の後楽園ホール。全日本では初のジュニアによるメインイベントになった。カズさんとは05年5月の『第2回ディファカップ』準決勝、08年6月の鈴木みのる20周年でもやっているが、経験とキャリアというものを凄く感じた。そして何よりもお客さんのカズさんに対するプッシュが凄かった。それまで全日本に上がっても、それほどアウェー感は感じなかったが、この日ばかりは試合が進むにつれてゼンニッポン・コール、カズ・コールにさらされた。

カズさんが不知火を、僕がファイナルカットとお互いの得意技を使う掟破りの攻防があれば、カズさんが雪崩式ファイナルカット、こっちは雪崩式不知火を出すなどの攻防が続いたが、最後はカズさんの必殺パワープラントで脳天から真っ逆さまに落とされて、世界ジュニアから転落してしまった。やはりカズさんは最高にうまい選手だった。僕がいて、カズさんがいて、全日本のファンがいて、ノアのファンがいた。その全員がいたからこそ、できあがった最高の舞台だった。負けても楽しかった。

09年早々にベルトを落としてしまったが、そこには落胆は微塵もなかった。前を向いて行ける材料があったからだ。しかし、その1ヵ月後、予想もしなかったアクシデントに見舞われることになる——。

［第五章］

苦難

三沢光晴との突然の別れ、相次ぐケガ、そしてＮＯＡＨの苦境

新たな実験の舞台としてプロデュース興行開催

世界ジュニアのベルトは失ってしまったが、2009年はやるべきことがたくさんあった。ひとつはプロデュース興行だ。

当時、ノアは少し下降線気味で、春の番組改編で日本テレビの地上波放送が打ち切られるとも囁《ささや》かれていた。そこで普段の興行とは違うマッチメーク、普段では呼べないような選手を呼ぶなどの新たな実験の舞台として、僕が選手の目線から興行をプロデュースすることになった。

大会の全体的なコンセプトは『為虎添翼《いこてんよく》』。これは虎に翼……元々、力のある者が、さらに勢いを付けるという意味の言葉だ。これにちなんで為・虎・添・翼の計4大会をディファ有明で開催することになった。

1月11日の第1回『為ノ巻』では、僕とNOSAWA論外の世界ジュニア戦の他、百田光雄さんにレジェンドヒール百田に変身してもらった。

百田さんとお酒を飲んでいると、海外遠征時代にヒールをやっていた話がよく出てきたので、だったら、それをノアのリングでやってもらおうということになったが、百田さん本人もスキンヘッドに変身するほどノリノリだった。

3月15日の第2回『虎ノ巻』では、GHCヘビー級チャンピオンの秋山さんとジュニアのチャンピオンのKENTAの〝禁断のタッグ〟を実現させた。

なぜ禁断かというと、秋山さんとKENTAの仲の悪さはファンの間でも有名で、普段の興行ではマッチメーカーも避けるNGの組み合わせ。僕の独断でプロデュースする興行だから実現できるというわけだ。

実際の2人の仲は……確かに仲は良くないと思う（苦笑）。2人とも似た人間だから、どこかに思うところがあるんだろう、お互いに（苦笑）。

今は日本とアメリカに離れ離れになっているから、このタイミングで久々に会ったら、やっと普通に話ができるんじゃないかなと思う。

カードは秋山&KENTA組vs潮崎&橋組。最初は言葉も交わさなければ、目も合わせずに不穏な空気も漂ったが、中盤からはタッチワークもスムーズに試合を運んだあたり、さすがに秋山さんもKENTAもプロフェッショナルだ。

試合後、握手を求めたと見せかけてgo2sleepを仕掛けようとしたKENT

A、それを察知して回避した秋山さんの駆け引きも見事だった。
12月23日の第3回『添ノ巻』では、新日本プロレスのスーパー・ストロング・マシンに出場してもらった。杉浦さんとマシン選手が東京スポーツ紙上でやり合っていたことから〝ノアvsマシン軍団〟を思いつき、丸藤&青木組vsスーパー・ストロング・マシン&スーパー〝S〟マシン組をメインに組んだ。

マシン軍団はさらに2人のマシンを連れて4人に増殖して登場し、最後は青木が〝S〟マシンのオリンピック予選スラム（！）からの魔神風車固めでやられてしまい、僕のプロデュース興行はマシン軍団に主役を乗っ取られてしまった。なお〝S〟マシンは「俺は杉浦じゃねー！」と杉浦さんそのものの声で否定していた（笑）。

最終回となった翌10年3月14日の『翼ノ巻』では初代タイガーマスクとタッグを組ませていただき、金丸&平柳組と戦った。この日は僕も赤と黒のタイガーマスクを被って試合をさせてもらった。

「丸藤君、9割動いてね。僕は1割だけ動くから」

佐山さんはそう笑っていたが、その1割ですべてを持っていってしまうから初代タイガーマスクはやっぱり凄い。深い言葉だなと思い知らされた。

そんな感じで4回のプロデュース興行をやってみて、若干ネタに走った企画もあったけど、マッチメークや選手を招聘するための交渉などの勉強になったたし、自分のプロレス頭を鍛える意味でも、いい実験だったと思っている。

怪我で欠場中に三沢さんが急逝……

このプロデュース興行を手掛けている最中にはいろいろなことがあった。

まず、2月に日本テレビが地上波でのノア中継打ち切りを発表。3月29日が最後の放送になってしまった。

その放送打ち切り前の3月11日のディファ有明で、僕は右膝前十字靭帯完全断裂の大怪我を負った。02年3月の左膝以来の大怪我だった。

この日は若手選手主体のSEM興行。伊藤旭彦と組んで中嶋勝彦&谷嵜なおき組と対戦して、伊藤とスワンダイブ式のパイルドライバーを決めて着地した際に、左膝をやった時と同じ「ゴリゴリッ！」という音がしたからすぐにわかった。

結局、その4日後の第2回プロデュース興行には出られなかった。

世界ジュニアのベルトを落とし、地上波がなくなるという、頑張っていかなきゃいけない時に怪我をしてしまったので、大変申し訳ないと思いつつも、左膝の時と同じ怪我だったから焦りはなかった。

しかし、さらにとんでもないことが起こってしまう。6月13日の広島グリーンアリーナで三沢さんが試合中のアクシデントで頸髄離断によって亡くなってしまったのだ。

その頃、僕は靭帯の再建手術を終えてリハビリしている最中だった。当日は家で寝ようとしていた時に、ふと携帯電話をいじったら「三沢、意識不明」というニュースが出ていた。慌ててみんなに連絡したがつながらない。これは只事じゃない。夜中でもう新幹線は走っていないから車で広島に向かったが、その途中で龍さんから亡くなったという連絡をもらった。

「今から広島に向かっても、すぐ会えるかどうかもわからないし、それなら朝一番の新幹線で向かった方がいい」

龍さんにそう言われ、サービスエリアでわけがわからなくなっていた頭と心を少し鎮めてから家に引き返したことを覚えている。

翌朝一番で三沢さんの仲が良かった人と新幹線で広島に向かったが、正直、現場にいなかったから最初はショックの度合いが低すぎた。

龍さんから連絡をもらった時も、龍さんは電話越しに泣いていたのがわかったけど、僕は事実を受け入れられていないから涙も出なかった。脳みそが追いついていなかったのだ。

現実を知ったのは広島に着いて病院に行き、三沢さんの顔を見た時だった。でも、それを実感として受け入れるまでにはまだ時間がかかった。

その日は博多スターレーンで試合があって、僕も他の選手たちと一緒に博多まで行ったが、その時初めて怪我をして欠場していることがこんなにも悔しいものなんだと感じた。試合ができないから博多の大会終了後には集まってくれたファンのひとたちのためにサイン会をやらせてもらった。

リハビリもしなくてはいけないから博多の後は巡業につかなかったけど、選手みんなが「三沢さんの分も頑張っていこう！」と必死に試合をやっている中で東京に戻らなければいけないこともどかしかった。

当時、三沢さんのコンディションははっきり言って悪かった。振り向く時は首が回らないから身体ごと振り向いていた。

巡業中のバスで寝ている時も首がちょっと苦しそうだった。普通の人が座って寝ている時の、息を吸って吐いての首の動きとはちょっと違って苦しそうだった。

でも実際にどこまで悪いのかは本人しかわからないし、三沢さんは絶対に弱音を吐かない人。それに周囲は「やってほしい」と言うだろう。ましてや地上波放送がなくなっただけに、興行において三沢光晴という看板は絶対に必要だったはずだ。

三沢さんの悲しい事故によって選手のメンテナンス的な部分はだいぶ強化されているけど、やっぱりプロレスに怪我は付きもので、試合ができるレベルの怪我ならばやらなくてはいけないというのも現実。だからプロレスは難しい。

自分の中で引っ掛かっているのは、06年12月に三沢さんにGHCヘビーのベルトを渡してしまったことだ。あの時に僕が渡さずに三沢さんを一歩退かせることができていたらと思うことがある。

渡してしまって、さらにその後に挑戦して負けてしまった。あそこで取り返して、僕がトップで引っ張っていけるような状態だったら、あの事故は起きなかったかもしれないと今でも思ったりしてしまう。

結局、三沢さんは僕からベルトを奪取した後、08年3月に森嶋さんに負けるまで1

年3ヵ月もベルトを守り続けたが、それはコンディションが悪い中での頑張りで、全盛期の三沢さんとは程遠いものだった。

すべて〝たら〟〝れば〟の話だけど、三沢さんに「まだまだ俺がやらなきゃいけない」というふうに思わせてしまった僕らの世代の責任も感じてしまう。

三沢さんは僕にとってお手本になった初めての大人だった。高校を卒業した2日後に全日本に入門し、その1ヵ月後に付き人になったから、社会人としての基本は三沢さんの傍で学ばせてもらった。

第2章でも書いたように、言葉で言う人ではなかったから「三沢さんに言われた言葉で印象に残っているのは？」と聞かれてもパッと思いつかない。プロレスの技だって教わっていないし、プロレス云々よりも人と人のつながりの大切さ……周りがいて自分があるとか、人としての部分で学ばせてもらった。

ノアに関しては三沢さんがいることでみんながつながっていた部分が凄く大きかったから、いなくなった後にどんどんバラバラになっていってしまうという現実が待っていた。

副社長就任で身体に異変が

三沢さんの告別式は6月19日、東京・中野の宝仙寺で営まれた。その前日の18日の御通夜の時に三沢さんの奥さんの真由美さんに呼ばれた。

「三沢はのちのち、丸藤君に社長を継がせようと言っていたので、やってくれますか？」

ノアには百田さん、小橋さん、秋山さん、田上さん……先輩方がたくさんいる。自分はそんな立場ではないと思っていたから、さすがに「はい」とは言えなかった。でも、そうした話の流れの中でいろいろな会議が開かれ、結果として「副社長をやってくれ」と言われて「頑張ってみます」という形になった。

そこに至るまで、どんな話し合いが行われていたのかは知らない。僕は一レスラーで役員でも何でもなかったから会議に出ることはできない。結論を聞かされただけだ。

7月4日にディファ有明で三沢さんのお別れ会、翌5日に同じディファ有明で選手会興行を終え、6日の臨時株主総会及び役員会で新体制が決まった。

苦難

三沢光晴との突然の別れ、相次ぐケガ、そしてNOAHの苦境

新社長には田上さんが就任。小橋さんと僕が副社長、選手からは森嶋さんも取締役選手会長に抜擢された。それまで副社長だった百田さん、常務取締役だった永源さん、取締役だった小川さんは相談役となり、百田さんは4日後の10日に退社してしまった。

副社長になった時点では、まだ誕生日を迎えていなかったから29歳。この年齢、そしてキャリアが上の先輩がいっぱいいる中で自分が選ばれた意味が何なのか考えた。

経営学を一切学んだことがない自分にできることは、まずフロントの人たちも含めた上層部の人たちと選手たちのパイプ役だろうと思った。

それまではどうしても意見が通りにくかった部分や人間関係を修復しながら、若い人間の意見を聞く。それまで「もうちょっと知っていたらこうできたのに」と思うことがいくつかあったから、若い人間の意見も取り入れられるようにして、ノアをひとつにしていきたいというのが副社長に就任した時の僕の素直な気持ちだった。

でも現実は、あまりにも役目が大き過ぎて、そこから殻の中に閉じこもっていくようになってしまう自分がいた。ひとりの人間なのに、選手としての発言と経営側、フロント側としての発言のふたつを求められることが多々あった。

「この対戦相手はどうですか？」

そう聞かれたら、レスラーとしては「倒さなきゃいけない」とか、それがヒールの相手だったら「許せない」みたいなことを言わなくてはいけないが、フロント側の人間として見た場合には、その許せないヒールは必要不可欠な人材だったりする。そのヒールがいるから興行が成り立っているわけだ。

たとえばノア所属の選手を、一レスラーとしてはコキおろすことができても、フロント側に立ったら、自分の団体の大切な商品である選手を否定してしまうようなことは言えなくなってしまう。最初は自分でふたつの立場をうまく分けようと思っていたけど、そこがなかなかうまくいかず、結果、大人しい無難な発言になってしまうことが多かった。

その頃の僕のコメントは何も面白くなかったと思う。これを言ったら、あっち側の立場では違うし、あれを言ったらこっち側の立場で違うということになって、僕の発言に説得力があるのかないのかもわからなくなってしまった。

「お前、会社の経営側なのに何てこと言うんだ！」

そう言われてしまうこともあった。

そうしたことが原因なのかはわからないが、三沢さんが亡くなってから1年間、じんましんに悩まされる日々が続いた。

お酒が好きだったのに、ちょっと飲んだらすぐにじんましんが出ちゃうし、コーヒーを飲んでも出てくる。白身の魚を食べたら唇が腫れてしまう。夜中に温度差のためなのか、全身に地図のようなじんましんが出ることもあった。

毎日、何かしらでじんましんが出ていたから「これはヤバイ！」と思って病院に行くと、着いた頃には消えてしまっていたりする。そうすると病院にも行きづらくなってしまう。毎日、身体が痒くてしょうがなかった。

結局、病院でちょっと強めの薬をもらっていたが、薬を飲みながらお酒を飲んで、たびたび記憶を飛ばすこともあった。

それがちょうど1年でぴったり止まったから不思議だ。精神的に少し落ち着いたのか、それとも身体に免疫ができたのか。

自分自身ではそんなにデリケートな人間だと思っていなかったし、そこまで自分で悩んでいたとは思っていなかったけど、身体は正直だったみたいだ。

復帰戦で三沢さんの技をアレンジした新技を公開！

副社長になった僕がレスラーとしてリングに復帰できたのは、09年最後のビッグマッチとなった12月6日の日本武道館。青木の閃光十番勝負の第9戦の相手を務めた。

青木はこの09年にジュニアのシングル、タッグのベルトに挑戦できるところまで成長したし、新日本プロレスの『ベスト・オブ・ザ・スーパー・ジュニア』にノア代表として出場という実績も作っていたが、僕は右膝の怪我から復帰した時と同様に復活をアピールするために動きまくった。場外へのノータッチ・ドロップキックもやった。そして最後は新しい必殺技「タイガー・フロウジョン」で締め括った。

僕には三沢光晴の下にいたということに誇りを持っていたし、ファンの人たちもその遺伝子のようなものに期待しているとも思っていた。

お客さんの期待に応えるのがプロレスラー。その自覚がなければ、見ている人に夢や希望を届けることなどできない。

ただ、自分の中では三沢さんの技をそのまま使うことはしたくないというのがあって、タイガー・ドライバーの体勢からエメラルド・フロウジョンのような形で落とせたらいいなと思って作った技だ。

1日4試合敢行！　スーパーJカップ連覇!!

復帰と同時に僕の周辺は慌ただしくなった。青木に勝った後に「これからは中でも外でも暴れたい」とコメントすると、すぐさま『第5回スーパーJカップ』のプロデューサーのライガーさんから出場のオファーを受けた。

同大会は12月22日と23日の2日間にわたって新日本が後楽園ホールで主催し、様々な団体からジュニア戦士が18人集まってトーナメントで優勝を争うというもの。

22日は1回戦だけ。23日は2回戦、準決勝、決勝と優勝するためには1日3試合やらなくちゃいけない。僕の場合は、23日は午後3時から自分のプロデュース興行『不知火　為虎添翼～添ノ巻～』があって、そのメインで青木と組んでスーパー・ストロング・マシン&スーパー〝S〟マシン組と戦うことになっていたから、1日4試合。

当時の僕はリング外のことで溜め込んだいろいろなものを試合にぶつけるしかなかっ

たから、この強行スケジュールにトライすることにした。

22日の1回戦の相手はライガーさん。IWGPジュニア・タッグ、GHCジュニア・タッグ王座決定戦などで対戦してきたけど、シングルはこれが初めて。第1章でも書いたが、ファン時代にビデオ『獣神サンダー・ライガー・スペシャル』を持っていて、青柳館長との異種格闘技戦、佐野さんとの抗争とかをメッチャ見ていた。だからリングで顔を合わすのは初めてではないのに、いざ向き合っただけで嬉しかった。

やはりライガーさんは完璧だった。掌底も強烈だった。

最後、ポールシフトで勝ったけど、それはほんのちょっとの隙を衝いただけ。ライガーさんはいつまでもイメージ通りの獣神サンダー・ライガーだった。

翌23日は、まず自分のプロデュース興行でマシン軍団と戦い、ディファ有明から後楽園ホールに直行した。2回戦の相手は元大阪プロレス王者のタイガースマスク（現・全日本プロレスの丸山敦選手）という曲者《くせもの》だ。不知火からオースイ・スープレックスでクルリと丸め込んで準決勝に駒を進めた。

1試合空けての準決勝は、これまた曲者の新日本のIWGPジュニア・タッグ王者の田口隆祐選手。おちゃらけているような感じで新日本ぽくない空気を醸し出していても、要所をしっかり押さえてくる巧者だ。下手に攻め込まずに、ノアで培った受けのスタイルで向こうに攻めさせておいて、最後はズバッと不知火を決めた。

そしてまた1試合インターバルを置いて、いよいよ決勝戦。

当時は田口選手とアポロ55を結成してIWGPジュニア・タッグ王者に君臨していたプリンス・デヴィット…現在はWWEで活躍中のフィン・ベイラーが相手だった。

デヴィットとはハイスピード&ノンストップの攻防になったが、一言で表現するならば「やりやす過ぎた」という言葉になる。

めまぐるしい攻防を展開しているのにデヴィットに余裕があるのを感じたし「あっ、スゲーな！」というのが正直な印象だった。

ファンの頃に見ていたペガサス・キッド……クリス・ベノワのような選手で、スピードもパワーもスタミナもジャンプ力も持ち合わせたジュニアのスーパー外国人。お互いに目いっぱいやり合っているのに、お互いにまだ余裕があって、心地良いプロレスができた。最後は不知火・改、前方回転式不知火、トラースキック、ポールシフトの必殺コースで04年の第4回大会に続いて2連覇することができた。

認定書と優勝カップを贈呈してくれたのは全日本、ノアで一緒だったことがある垣原さん。久々の再会で、少し感慨深いものがあった。

この優勝で翌2010年1月4日、東京ドームでのIWGPジュニア・ヘビー級チャンピオンのタイガーマスクへの挑戦が決定した。

「今年、三沢さんが亡くなる悲しい事故も起きたけど、ノアは前だけを見て頑張っていきます。そして1月4日、必ずタイガーマスクからベルトを奪取します！」

僕はマイクを掴んで、そう宣言した。

大会前、実は珍しく自信がなかった。9ヵ月の欠場期間中にバリバリやってきた選手たち相手に戦い抜くことは並大抵のことではないからだ。

でも9ヵ月間、遊んでいたわけではない。頭の中でもプロレスをやっていたし、今までやってきた自分のタイミング、間を大事にしながら試合をしたから、何とかできたのかもしれない。前回の大会から5年間、やれることはやってきたことが出せた。最後の意地が出たからこその栄冠だったと思う。

09年の最終戦は翌24日、ディファ有明でのクリスマス興行。カードはクリスマス興行恒例の全試合観客抽選で決定するもので、何と僕の試合は田上さんとの社長vs副社長対決。3日でシングル5試合でもハードだというのに、ジュニアの祭典を制した翌日にヘビーとのシングルというのだから、プロレスの神様は試練を与えてくれる。06年3月以来の田上さんとのシングルはスクールボーイで丸め込んで勝った。ロープに足をひっかけて、少しだけズルさせてもらった。プロレスのルールではレフェリーが見ていなければ反則にならないから、これも技術のひとつだ。

こうして悲喜こもごもの2009年を乗り越えた。

IWGPチャンピオンとして新日本ジュニアを満喫

年が明けた2010年1月4日、僕は『第5回スーパーJカップ』優勝者の誇り、ノアの誇りを持って新日本プロレスの東京ドームのリングに立った。ジュニアの祭典を制した自分とIWGPジュニア王者のタイガーマスクのどっちが強いのかという対等な立場での対戦だ。そして当然、ノア・ジュニアを背負っての出陣でもある。

IWGPジュニア王者のタイガーマスクは佐山さん、三沢さん、金本浩二さんに続く4代目。僕が高校時代に通った東大宮のスーパー・タイガー・ジムの出身で佐山さんの愛弟子だから、当時は接点がなかったが、ジムの先輩ということになる。

この4代目はやはり佐山さんの血を継いでいるという感覚があった。佐山さんとシングルをやった時もそうだったが、タイガーマスクという華麗なイメージでありながら、譲らないところは譲らない。特に関節の取り合いや蹴り方にそういうところを凄く感じた。その上で雪崩式タイガー・ドライバー、タイガー・スープレックス、ミレニアム・スープレックスなどのオリジナルの虎殺法を仕掛けてきた。

相手が大技で来るなら、こちらも不知火・改を発射し、後ろ廻し蹴り式のバックスピンのトラースキックでぐらつかせ、一気にタイガー・フロウジョン！

こうして僕はGHCジュニア、全日本の世界ジュニア、新日本のIWGPジュニアの3大ジュニア王座制覇を達成した。

全日本で世界ジュニアのベルトを獲った時はノアでも防衛戦をやったが、IWGPジュニアに関しては新日本のリングだけで防衛戦をやろうと思った。ノアの自分が新日本プロレスのチャンピオンとして、新日本を盛り上げようと思ったのだ。

自分の団体、他団体に関係なく、自分がチャンピオンになって、それを見にお客さんが来てくれて会場が満員になったらレスラー冥利に尽きるというものだ。

1月30日の後楽園ホールでのデヴィット相手の初防衛戦は、新日本とノアのファンに二分されて超満員札止めになった。

デヴィットは、前回がスーパー外国人なら今回はハイパー外国人とも言うべき強さだった。タイガー・フロウジョンで何とか勝ったがやっぱり素晴らしい選手だ。

この試合後、デヴィットのセコンドに付いていたタイガーマスク、田口、タイチ、金本浩二に囲まれた。こうでなくちゃ面白くない。

「本当に盛大な応援と、盛大な気持ちいいブーイングをありがとうございます。俺がＩＷＧＰジュニアのベルト、新日本のジュニアを盛り上げますんで、これに懲りずに新日本プロレスの会場にお越しください」

そうマイクで喋ったら、新日本ファンから声をかき消されるほどのブーイングと野次が起こった。これは快感だ！

「悪いけど、金本選手は劣化版のＫＥＮＴＡみたいな感じなんで」

激しく挑発してきた金本さんについて聞かれてそう答えると、またまた大ブーイングが後楽園ホールを包んだ。

「まあ、一言いわせてもらうと……ノア・ジュニアは最強です」

そう締めると、またまた大ブーイング。凄く手応えのある防衛ロードのスタートだ。

金本さんとの2度目の防衛戦は3月5日の後楽園。これも超満員札止めになった。デヴィットとの試合は「心地良いプロレス」と表現したが、それだったら金本さんとの試合は「心地良くないプロレス」だった。当時の金本さんは43歳だったと思うが、それでもハチャメチャな感じだった。蹴りを使う選手は「蹴りを受けてやるぞ!」と対戦相手が胸を出してきたら、だいたいは胸を蹴るものだが、金本さんは胸じゃなくて腕とか肘とかを普通に蹴ってくるような感じだった。

そうなると「じゃあ、こっちも行くよ」となるから、金本さんとの試合は凄くゾクゾクはするけど、心地良いものではないのだ。

コーナーの上でブレーンバスターの掛け合いのような攻防から雪崩式のスモール・パッケージ・ホールドみたいな技(雪崩式キャプチュードか?)を食らった時に膝が当たったのか、鼻の軟骨が曲がってしまった。家に帰ったら嫁さんに「鼻、曲がってるよ」って言われたし、今も鼻が少し曲がっている。佐々木健介に喉を潰され、金本浩二に鼻を曲げられ……こうしたこともプロレスラーの勲章だ。

金本さんとバチバチやり合って、不知火・改からポールシフトで決着をつけると、新日本のファンが認めてくれたのか、ウェルカムな感じで丸藤コールが起こった。

［第五章］

苦難

三沢光晴との突然の別れ、相次ぐケガ、そしてNOAHの苦境

「まずは新日本プロレスさん、38周年おめでとうございます。金本選手はマジで最強の40代なんじゃないかと。俺もあんな40代目指して頑張ります。ありがとうございました」

この日は新日本の旗揚げ38周年記念大会だったので、敬意を表してリングを降りた。その後、4・4後楽園ホールでライガーさん、5・3福岡国際センターで田口選手とスーパーJカップで当たった選手相手に防衛をし、5月8日のJCBホールでは前王者タイガーマスクのリターンマッチを受けた。

僕がチャンピオンになったことで山本小鉄さんやタイガー服部さんには感謝されて、よく服部さんには**「ユーが出るから、満員になったよ」**と言ってもらったが、さすがにいつまでも外敵がチャンピオンでは面子《めんつ》が立たない。中5日でタイトルマッチを組むなんて、いよいよ新日本は本腰を入れて取り返しにきたわけだ。

田口戦で腰を痛めてしまい、テーピングをして出場したタイガーマスク戦はジュニアとしてはかなり違和感のある試合になってしまったと思う。

タイガーマスクはベルト奪回に向けて前回にも増して厳しい打撃、関節技を仕掛けてきたし、僕も打撃と関節技でタイガーマスクの左腕をピンポイントで攻めた。試合

の途中でタイガーマスクが左腕を確実に痛めていたのがわかったから、最後は腕固めで絞り上げた。レフェリーがストップをかけなければ折れていたかもしれない。佐山聡の遺伝子を持つ人間同士がやると、時としてこういう試合になってしまうこともあるのだ。

結局、僕は6月19日の大阪府立体育会館でデヴィットに敗れるまで半年間、IWGPジュニア王者に君臨した。デヴィットは5〜6月の『ベスト・オブ・ザ・スーパージュニア』に優勝して再び挑戦してきた。大きな大会の覇者とIWGPジュニア王者の対決というのは、僕がタイガーマスクに挑戦した時と同じシチュエーション。だから対等な立場で相対した。

いつも彼との試合はやりやす過ぎて、ある意味、噛み合い過ぎてしまう。そんな中で敗因を挙げるとしたら、ことごとく阻止していたブラディーサンデーを雪崩式で食ってしまったことだ。受け身に自信があっても垂直に落とす未知の技はやはり怖いものだ。遂に3カウントを奪われた僕は、潔くデヴィットにベルトを渡した。

とにかく刺激的な半年間だった。新日本ジュニアを満喫できたし、チャンピオンとしての責任も果たせたと思っている。今度、KENTAと4年ぶりにリングで向かい合うように、デヴィットともまた再会する日が来るのだろうか。

タイミングと間の取り方で川田さんの凄さを知る

09年は3ヵ月しか試合ができなかった分、10年はいろいろな経験をさせてもらった。まずＩＷＧＰジュニア王者だった4～5月、ノアでは『グローバル・リーグ戦』に出場した。ジュニア・チャンピオンなのにヘビーのリーグ戦にも平気で出るというのがカテゴリーを越えた僕のスタンスだ。

この大会には全日本時代の大先輩・川田利明さんも参加して、4月13日の大阪府立体育館で公式戦の形で初めてシングルマッチをやることができた。

全日本に在籍していた当時、川田さんは三沢さんのアンタッチャブルと反対のコーナーに立つ聖鬼軍だったから、食事や飲みの席で一緒になったことは一度もないし、挨拶程度しか会話をした記憶もない。川田さんに関しては怖いイメージしかなかった。

入門2ヵ月後に東京ドームで三沢さんと川田さんの一騎打ちが行われて三沢さんのセコンドに付いていたけど、まだファン感覚半分で見ていたような気がする。

それぐらい川田さんとは接点がなかったが、いざ試合をしてみたら、世界ジュニア王者として全日本に上がった時にはまったく感じなかった懐かしさを感じた。やはり全日本プロレスのトップだった人だからうまいし、故郷の匂いを嗅いだような感覚に陥ったのだ。

川田さんに火をつけてやろうと、いきなり張り手を見舞い、不知火も不知火・改も決め、パワーボムもウラカン・ラナに切り返した。それなりの自信を持って試合に臨んだわけだが、でもやっぱり呑み込まれてしまった。

実は三沢さんに似ている部分があって、試合をコントロールしているつもりが、されちゃっていたという感じ。カウンターのジャンピング・ハイキックを食い、パワーボムで叩きつけられ、最後は垂直落下式ブレーンバスターでマットに突き刺されての完敗だった。川田さんは無骨なイメージだが、実際には器用な人だ。タイミングの掴み方とか、間の取り方が凄くうまい。

プロレスというのは間が取れるレスラーが試合を制する。自分のタイミングで間を取った人の試合になってしまうのだ。

だから、たとえばあの試合で僕が何かで川田さんに勝っていたとしても、やっぱり川田さんの試合だったと思う。試合が終わった後に勝ち負けに関係なく、見ていたお客さんは「あれは川田の試合だったね」と思ったに違いない。川田さんの間の試合だったからだ。　もちろん三沢さんも間の取り方はうまかったけど、四天王の中で、実は川田さんがその部分で断トツだったかもしれない。

それこそ小川直也さんでも、藤田和之さんが相手でも、いい試合をさせてしまう川田さんは凄いと思う。

これで三沢さん、川田さん、小橋さん、田上さん……四天王全員とシングルでやることができた。これは貴重な経験だ。

川田さんとはあまり接点がなかったけど、起き上がり小法師チョップと顔面ステップキックは勝手に受け継がせてもらって僕流に使わせてもらっている。

小川直也との試合は鈴木みのると好き勝手に

川田さんとシングルをやった後、5月9日には大阪府立体育会館でアントニオ猪木さんが興《おこ》したＩＧＦのリングに上がった。猪木さんに会ったのはこの時が初めて。プロレスを12年近くやってきて1回も、チラリとも会ったことがなかった。控室に挨拶に行くとそこにセキュリティが立ち、猪木さんは『道』の詩を書いていて、やはり別格のオーラを持っていて「よろしく、頑張ってね」と声をかけていただいた。

この日の試合は意外と世間で忘れられているようだけど、なかなか豪華。自分で書くのもアレだが、IGFの小川直也&澤田敦士の柔道師弟コンビが三冠ヘビー級王者・鈴木みのるとIWGPジュニア・ヘビー級王者・丸藤正道のヘビー&ジュニア王者コンビを迎え撃つという超レアなカードだったのだ。

あの試合は僕と鈴木みのるで好き勝手にやった感じだった。小川さんは小川さんなりにプロレスをやろうとしていたのか、なぜか逆水平チョップや足四の字固めを仕掛けてくるというわけのわからないファイトを仕掛けてきたから、ちょっとムカついた。

「普段、逆水平使ってねぇじゃん。お客さんがそれ見たいか?」

それならパンチを打ってきてくれた方がいいし、取って付けたような小手先のプロレスをやられるより、柔道の技とかをやってくれた方がよっぽどいい。他の競技で頂点を極めた人かもしれないけど、僕は10年以上ずっとプロレスの世界で受け身を取ってきて、プライドを持ってやってきた。そこは譲りたくないという点で鈴木みのると

苦難

三沢光晴との突然の別れ、相次ぐケガ、そしてNOAHの苦境

一致していた。

ZERO－ONEで実現した三沢＆力皇ｖｓ小川＆村上は、いわゆるプロレスの試合として成立していなかったがゾクゾクした。ゾクゾクしたということは戦いが成立していたのである。僕らの試合は本当に成立しなさ過ぎてお客さんが戸惑うような展開だった。来てほしいからエプロンにいる小川さんにビンタしに行ったけど、返してきてくれないから「ああ、そうか。もういいや！」という気持ちになったのだ。

あの時、澤田選手は一生懸命やろうとしていたけど、僕と鈴木みのるはもう好き勝手にやって、好き勝手に終わらせてしまった。

最後、小川さんは蚊帳の外。澤田選手をスワンダイブ式の合体ゴッチ式パイルドライバーでマットに突き刺し、鈴木みのるが場外で小川さんをスリーパーで足止めしている間に僕が不知火で澤田選手を仕留めた。

「小川、負けたんだからさっさと帰れ！　さっさと帰れよ。行けばわかるさ、ありがとー！」

鈴木みのるが例によって好き勝手にマイクで喋り始めたら、猪木さんが居ても立ってもいられなくてリングに上がってきて、マイクを奪って「もういい！」と（苦笑）。

「アントニオ猪木の愛弟子かどうかさえ怪しいもんだな。チキンはどんなに頑張ってもペリカンにはなれない。俺もプロレスラーの端くれとして、あの中途半端な奴らに言わせてもらうよ。プロレス舐めてやってんじゃねぇよ。お前らのプロレスごっこに付き合ってる暇はねぇんだよ！」

鈴木さんの言うことは、いつも正論に聞こえるから悔しい（苦笑）。でも、この時は確かに正論だった。

「相手が付いて来れないからね。澤田選手の方が感じるものがありました。でも俺は、もうＩＧＦはいいや」

そうコメントしたら、それ以来、呼ばれなくなってしまった。

中邑真輔との刺激的な初遭遇！

その後も刺激的な試合が続く。

7月24日のノア創立10周年記念の大阪府立体育会館大会では青木と組んで新日本の中邑真輔＆外道組と対戦した。中邑選手とはこれが初対決。この年の上半期は新日本

苦難
三沢光晴との突然の別れ、相次ぐケガ、そしてNOAHの苦境

ジュニアと戦ったから、今度は新日本ヘビー……それも異彩を放っている中邑真輔という未知の選手と戦ってみたいと思ってノアに呼んだわけだ。

初めての中邑選手との試合は触った程度。チェーン・レスリングでお互いに力量を確かめ合い、向こうのキックの連打にトラースキックで対抗し、不知火を一発決めた程度だからよくわからなかったが、嫌いなタイプのレスラーではなかった。

その翌日の25日にはＤＤＴの両国国技館でケニー・オメガとシングルで戦った。当初は飯伏選手とのシングルが組まれていたが、飯伏選手が6月の『ベスト・オブ・ザ・スーパージュニア』決勝のデヴィット戦で左肩を脱臼してしまったために、飯伏のパートナーのケニーとのシングルに変更になったのだ。

何分過ぎだったかは覚えていないが、ケニーが僕をターンバックルに投げようとした。それがズレて、ロープに首が当たってマットに落ちた後、右腕が動かなくなってしまった。落ちた時に右肩が外れたと思って、試合を続行しながら自分で肩を入れようとしたけど、入らない。脱臼してないんだから入らなくて当たり前だ。

とにかく感覚がない。痛みもなければ、ビリビリと痺れているわけでもなく、ただ感覚がなくて動かない。

試合の途中でトレーナーの浅子覚さんが「止めるか?」と聞いてきたけど、他団体のビッグマッチで怪我をしてドクターストップで終わるわけにはいかないから、「止めないでください」と言って続けさせてもらった。

ブレーンバスターの形で前方に投げて、着地したところにトラースキックを決めようとしたが、右腕に力が入らないからケニーの頭がマットに突き刺さるという形で落としてしまい、それがフィニッシュになってしまった。

神経根の圧迫で感覚がないという怪我との戦い

この怪我は深刻だった。診断の結果は変形性頸椎症性神経根症。首の骨が変形して、骨棘《こっきょく》……骨の尖がってしまっている部分が神経根を圧迫して右腕が動かなくなっているということだった。今まで蓄積されていたものが、たまたまケニー戦で爆発してしまったのだろう。

正直、怖かった。復帰できるかも少し不安だった。治療法がないからだ。神経根に触っている骨を削る手術をしても、お医者さんが言うには、その骨が元の形に戻ろうとするから、削ってもまた出てくる可能性があるという。

首を手術したとしたら、自分の中でもプロレスをやるのはＮＧなので、ひとまず様子を見てリハビリするしかなかった。

本当にあらゆる治療をやった。鍼《はり》もやったし、電気もやったし、ＮＡＳＡが開発した超音波みたいな治療もやった。

指は動くし、握力はそんなに落ちてなかったけど、腕が動かない。自動販売機にお金を入れることもできなかった。小銭を持つことはできても、腕が上がらないし、ボタンも押せない。だから左手で右手を持ち上げなければならなかった。

箸は指で持てても、うまくご飯を食べられないし、歯磨きもうまくできないし、頭も洗えない。頭を乾かすのにドライヤーもキープしていられないし、コンセントにプラグを入れることもできない。

だからまず、そうした日常生活が全部リハビリだった。できなくても諦めないでやろうとすることがリハビリだった。いまだにコンセントにプラグを入れる動きは、腕が筋収縮を起こしちゃっているから、ちょっと力を入れづらい。今は動くからまだいいが、その時は本当にひどい状態だった。

いつ治るかわからない中でも筋トレとかを根気よく続けていくうちに少しずつ動くようになった。加圧トレーニングをやっていて右腕に痛みを感じたから、痛みがあるということは感覚があると思ってやり続けて、少しずつ復活していった。

そして11月2日、ＭＲＩを撮ったら、骨の形は変わっていないけど、首の神経の炎症は治まってきていた。

いつまで続くかまったく先が見えないリハビリ期間中に**「自分はやっぱりプロレスが好きなんだ」**ということを再認識できたし、**「プロレスしかない」**というのもわかった。家族を持っている、応援してくれるファンもたくさんいるということで頑張れた。でも、三沢さんの件があっただけに、復帰することがいいことなのかどうなのかということに関しては、やはり考えた。

「12月だったら、いけるんじゃないですか？」

背中を押してくれたのはお医者さんの言葉だった。１００％治ったわけではなかったけど、１００％を待っていたら何年かかるかわからない。だったらリングに戻れる感覚ができた以上、試合をしながらパーセンテージを高めていった方がいいと思った。

大事なのは「またプロレスがやりたい」と思えたことだ。もしリハビリの途中で心が折れていたら、リングから身を退いていただろう。

検査から2日後の11月4日、ディファ有明内のノア事務所で記者会見を開き、10年の最後のビッグマッチとなる12月5日の有明コロシアムでの復帰を発表した。

覚悟を受け止めてくれたＫＥＮＴＡと復帰戦

僕は復帰戦の相手にＫＥＮＴＡを指名した。あいつとやって大丈夫だったら、他の人間とやっても大丈夫。それで駄目になったらもう駄目。そんな気持ちだった。

ＫＥＮＴＡを指名したのは不安の裏返しだったかもしれない。本当の自分はビビり屋なんだと思う。不安になりたくないから逆にＫＥＮＴＡを指名したのかもしれない。

復帰すると決めてから受け身を取る練習はしたけど、試合の中で食らう打撃に対する練習はできないから、これればかりはやってみなければわからない。その意味では、この試合は僕よりＫＥＮＴＡの方が重かったかもしれない。

「首の怪我っていうのは、本当に一歩間違えれば日常生活にも影響が出てしまう。もしかしたら〝プロレスラー、丸藤正道〟というものにピリオドを打ってしまう可能性もあるものだったんで、正直最初は迷ったんですけど、逆にピリオドを打つなら俺しかいないだろうと思って、やることに決めました。相当な覚悟で僕の名前を出してきたと思うし、もしかしたら本当に最後になるかもしれないんで、ファンの人たちにも見届けてもらいたい。それぐらいの気持ちでやりたいと思います」

ＫＥＮＴＡは腹をくくって僕の気持ちに応えてくれた。言葉通り、攻めは厳しかった。首にフルスイングのエルボー、キックをぶち込まれ、ＤＤＴで脳天からマットに突き刺された。でも右腕は動いた。場外フェンスを越えるラ・ケブラーダを発射して復活をアピールすることもできたと思う。最後はｇｏ２ｓｌｅｅｐに３カウントを聞いてしまったが、ＫＥＮＴＡと思い切りやれたことで怖さはなくなった。

新日本プロレスとの戦いに一区切り

この復帰戦直後、ラブコールを送ってくれたのは欠場前にタッグを組んでいた青木だ。青木は僕が不在の間、ＫＥＮＴＡと組んでいたが、８月に金本＆タイガーマスク組が石森＆マルビン組を破って新日本に持ち去ってしまったＧＨＣジュニア・タッグ王座を年内にノアに取り戻すために僕とのタッグ再結成をアピールしたのだ。

復帰した以上、やれることは何でもやる。新日本ジュニアとの戦いに終止符を打つべく、年内最終興行の12・24ディファ有明でのタイトルマッチが決まった。

この試合は青木が頑張った。金本さんもタイガーマスクも青木に集中攻撃を浴びせたが、青木の心が折れることはない。そんな青木をアシストすることが僕の役目だった。といってもやられている時にカットに入るのではなく、あくまでも攻めの援護だ。

最後はタイガーマスクを不知火でストップしている間に、青木が金本さんにスパイラル・ポセイドン、アサルトポイントを続けて決めて殊勲の星を挙げた。

試合後、金本さんから青木に握手を求めたのは、青木への「これから、頑張れよ」という団体枠を越えての先輩としてのエールだったと思う。僕も金本さん、タイガーマスクと握手を交わし、それまで対立していたノアのファンと新日本のファンが一体になって最高の空間が生まれた。

ちょうど1年前から始まったノア・ジュニアと新日本ジュニアの戦いはこれでひと区切りついたことを実感した。

新しい展開の始まりと2回目の頸椎負傷で欠場

2011年はノア内の軍団闘争が激化する年になった。

その主役になったのはKENTAだ。KENTAは2月に力皇&ヨネ&金丸&平柳が結成していた「Disobey」というユニットに加入してテーマカラーを黄&茶からブラックに変え、3月にリーダーのヨネさんを裏切って追放して「NO MERCY」という新たなユニットに様変わりさせてしまった。

「他団体との対抗戦は確かに刺激的だけど、ノアの中だって対抗戦なわけだし、他団体との対抗戦はそういうものがしっかりあった上でのことだと思う」

それがKENTAの主張だった。KENTAの舌鋒《ぜっぽう》は僕にも向かった。

「ヨネには飽きたから、次のおもちゃは丸藤ですね、それは選手としても体制としても。ジュニア・タッグに挑戦させろと言ってるのに、まったく反応してこない。副社長としても、俺からしたら力量がないと感じる。いろいろ細かい大変なこともあるかもしれないけど、お金を払って見る人はそんなところまで別に理解する必要はないし。

だってお客さんが全然面白くないカードを提供されて〝でも、副社長で大変な仕事をしてるからしょうがないよね〟ってなるわけがない。そんなに大変なら、やらなきゃいい話だし、別にマッチメークも俺たちでやる。その辺の権利を渡せって感じですね。あいつの体制になってから少し経ったけど、副社長の立場としての結果も今イチ残ってないと思う。その辺のことも含めて追い詰めて行きますよ」

当時のパンフレットに載っていたKENTAのインタビューを読み返してみたら、まあ言いたい放題言ってくれていたものだ。

当時の僕はユニットを結成していなかったが、KENTAとしては新たな軍団抗争の中でも丸藤正道を引き込んで、対立する形を作りたかったのだろう。

4月16日の後楽園ホールで組まれた丸藤&青木&石森組vsKENTA&金丸&平柳組の6人タッグで、KENTAが猛然と襲いかかってきた。コーナーで張り手合戦になり、KENTAのハイキックが側頭部に入った瞬間、尻餅をついてしまった。なおもKENTAは頭を蹴ってきたが、右腕を動かそうと思っても動かないという状況に再び陥ってしまったのである。ノアが新しい展開を迎えようとしていた矢先のアクシデントだった。

診断の結果はやはり変形性頸椎症性神経根症。さすがに同じ神経の怪我を2回したのはこたえた。回復が遅い……と言うよりも回復しないのだ。前回は加圧トレーニングをしながら痛みを感じて、そこから徐々に感覚が戻っていったが、今回はその痛みを感じなくなってしまった。筋力トレーニングをしようにも、痛みや張りを感じないからリハビリにならない。そして2回もやってしまったことで、筋力が回復しなくなってしまった。その現実と付き合ってやっていくしかなくなってしまったのだ。

当時32歳。これが30代後半とか40を超えていたらモチベーション的にも肉体的にも復帰するのは難しかったと思う。でも筋力は回復しなくても、根気よくリハビリを続けて右腕が動くようになると、選択肢は戻るべき場所に戻る……引退など微塵も考えず、リングに上がること以外になかった。

10月16日の後楽園ホールで杉浦ｖｓ森嶋の後に半年ぶりにリングに立って「そろそろ試合がしたい。目指す舞台は11月27日の有明コロシアム」と復帰を宣言し、杉浦さんに「シングルで勝負しましょう」と迫った。

あまり考えたくはないが、前の年のＫＥＮＴＡ戦同様に「自分に何かがあった時に、この人が最後でもいいかな」と思える相手が杉浦貴だった。

「この人とやったら危ないからやめよう」と考えるなら、復帰する意味はない。杉浦さんは、自分がどこまでできるかというのが一番わかりやすい。打撃であり、グラウンドであり、投げであり、いろんなものを試すのにいい相手だ。

欠場していた間にノア・マットは大きく変わった。ＧＨＣヘビー級のベルトは杉浦さんから潮崎に移り、ＧＨＣタッグのベルトは新日本のジャイアント・バーナード＆カール・アンダーソン組に持ち去られた。

そしてノア・マットの主役の座には僕をターゲットにしていたＫＥＮＴＡ率いるＮＯ　ＭＥＲＣＹがドッカリと座っている。

２０１１年も年末の最後のビッグマッチでのゼロからの再スタートになってしまったが、プロレスラーであるからにはてっぺんを目指すつもりで杉浦さんとの試合に臨んだ。前年のＫＥＮＴＡ同様に杉浦さんは容赦なく首を攻めてきた。エルボー、ネックスクリュー、首を捻じ曲げるようなフェースロック、チンロック……杉浦さんの技は重く、そしてエグい。狙ってきたスピアーに対しては、それよりも高くジャンプして後頭部にフットスタンプを投下し、ロープワークを使った時間差ラリアット、ジャンプしての顔面踏みつけなど、こちらは様々な角度からの動きで対抗だ。

エプロンから場外への断崖式不知火はコーナーポストを駆け上がる時にバランスが崩れて転落してしまったが、しっかりと受け身を取った。

不知火は決めることができたものの、タイガー・フロウジョンは阻止された。結果的にこれが勝敗を分けた。最後はエルボーの乱打を浴び、オリンピック予選スラムで叩きつけられてしまった。勝負をかけた時の杉浦さんのラッシュは本当に鬼だ。

僕は大の字のまま右腕がちゃんと動くことを確認した。

「副社長、お帰り。今日戦ったけど、組みたいね、今度はね。組んでノアを面白くしていきたいね。副社長、組もうよ！」

そう呼び掛けてくれた杉浦さんの手を握った。

2012年は杉浦さんと組むことで、ノア・マットの主軸になっている軍団抗争に割って入ることに決めた。

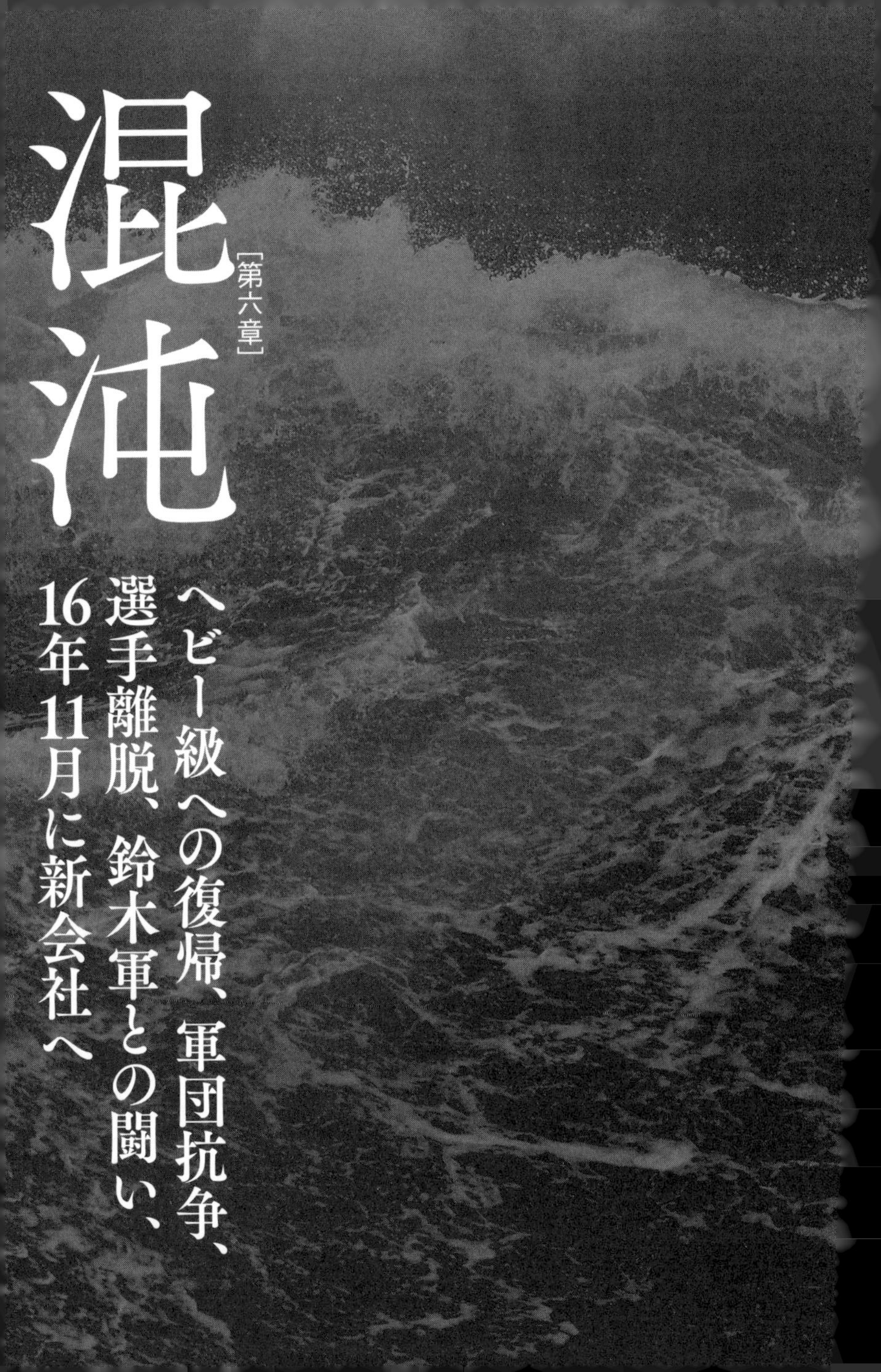

［第六章］混沌

ヘビー級への復帰、軍団抗争、選手離脱、鈴木軍との闘い、16年11月に新会社へ

BRAVEの結成でノアの軍団抗争が本格化

２０１１年11月27日に有明コロシアムで復帰したのを機に、これからはヘビー級に専念していくことを決めた。

復帰する直前の23日に外国人のヘビーのトップだったバイソン・スミスが急性心不全で亡くなり、有明コロシアムでは頸椎症性脊髄症で欠場中だったリキさんが引退を表明したことで、ヘビーの１本の軸にならなきゃいけないと思ったからだ。

有明のメインで潮崎のＧＨＣヘビーに挑戦したＫＥＮＴＡが、左膝前十字靭帯断裂によって12月シリーズから欠場することになったのも大きかった。

欠場中、ＫＥＮＴＡはジュニアながらもＮＯ　ＭＥＲＣＹのボスとしてノア・マットの中心人物のひとりになり、ヘビーでも『グローバル・リーグ戦２０１１』に初めてエントリーして準優勝になるなど、ノアを牽引《けんいん》していたからだ。

２０１２年はノア内の軍団抗争が本格化した。杉浦さんと僕のコンビにヨネさん、ジュニアの石森とマルビンが合流して「ＢＲＡＶＥ」というユニットになった。

でも、杉浦さんが腰椎椎間板ヘルニアで3～5月に欠場するアクシデントがあって、本来なら杉浦さんが森嶋さんに挑戦するはずだった3月18日の横浜文化体育館では、代わりに僕が挑戦し、4月の『グローバル・タッグリーグ戦２０１２』にはヨネさんとのコンビで出場して森嶋&中嶋勝彦組を下して優勝した。

こうした一連の戦いを通して、僕の気持ちを理解してくれた森嶋さんがＢＲＡＶＥに合流することを決意してくれた。

あの頃の森嶋さんは「ヤル気、元気、モリシ！　ドント・ストップだ、この野郎！」を決めゼリフにハイテンションなＧＨＣヘビー級王者としてノアを盛り上げていた。

それぞれに表現方法は違っても杉浦さん、森嶋さん、ＫＥＮＴＡ、自分を含めたみんなが必死になってノアに輝きを取り戻そうとしていた。

5月に大阪プロレスからノアに移籍した小峠も石森とコンビを結成したことでＢＲＡＶＥに加入。ＢＲＡＶＥはノアの一大勢力になった。

ＮＯ　ＭＥＲＣＹはＫＥＮＴＡが欠場になってしまったものの、髙山さんがリーダーを務め、谷口周平がＫＥＮＴＡの「今までのすべてを捨てろ。お前は変われる」の言葉で鉄仮面のマイバッハ谷口に変身して勢いが衰えることはなかった。

〝反NO　MERCY連合〟として鼓太郎&石森&青木が設立し、そこに潮﨑が加わったANMUは、秋山&齋藤さんのコンビと合流して「SAT」というユニットに増強された。これに佐々木健介、中嶋勝彦、宮原健斗、梶原慧選手たちの「DIAMOND　RING」もいたからリング上が充実して当然だ。

リキさんが引退セレモニーを行った7月22日の両国国技館では、KENTAの復帰戦の相手を務めた。でも、2人の対決がひとつのブランドだったのは、08年10月25日の日本武道館で僕の世界ジュニアとKENTAのGHCジュニアを賭けたダブル・タイトルマッチで60分フルタイム戦った時まで。

10年6月6日の後楽園ホールはKENTAの右膝前十字靭帯断裂からの復帰戦、11年12月5日の有明コロシアムは僕の変形性頸椎症性神経根症からの復帰戦と、いつしかお互いの復帰戦カードの印象ができてしまったのだ。

ノアにとって初めての両国国技館というビッグマッチで丸藤vsKENTAはメインではなく11試合中7試合目という位置づけに。過去の試合とは違った部分で「面白かった」「凄かった」「今までと違った」という印象を残すことが僕とKENTAの大きな課題だった。

個人闘争だけでなく、これからのBRAVEとNO MERCYの軍団抗争を見据えた戦いはお客さんの目にはどう映ったのかはわからない。でもブランクがあってもKENTAの動きはシャープだったし、お互いに気負うことなく戦うことができた。

タイガー・フロウジョンで仕留めた後、KENTAと握手をしないでリングを降りたのは、これから軍団抗争が本格的にスタートするからだ。

この日はリキさんがリングを降りた一方で、杉浦さんが復帰を宣言し、メインでは森嶋さんと潮﨑がGHCヘビーの戦いで現在進行形のノアを見せた大会だった。

G1クライマックスで棚橋選手に8年越しでリベンジ

こうしてノア内部が徐々に充実していった12年だが、新日本プロレスとの対抗戦も続行していた。

1月4日の新日本の東京ドームでは杉浦さんが後藤洋央紀に敗れたが、僕と潮﨑は中邑真輔&矢野通組に勝った。1月22日にはバーナード&アンダーソンの「バッド・インテンションズ」に強奪されたGHCタッグのベルトを秋山&齋藤組が奪回した。

そして僕は初めて『G1クライマックス』に乗り込んだ。G1には10年大会に出場が決まっていたが、直前で怪我をしてキャンセルになった過去があり、申し訳なかったという思いがあったからオファーが来た時には断る理由はなかった。

結果は棚橋弘至、小島聡、カール・アンダーソン、高橋裕二郎に勝ち、永田裕志、シェルトン・ベンジャミン、矢野通、鈴木みのるに負けて4勝4敗の五分の星。最終公式戦で矢野通に急所蹴りから丸め込まれて優勝戦には進めなかった。

KENTAは他団体に出ていく路線には批判的だったが、当時のノアは所属選手が少ない状況で、興行的なことを考えると外の選手に上がってもらわなければいけなかった。だから、そっちに出る替わりにこっちに出てもらうという団体同士のビジネス的なやり取りも正直あったし、リングの上で起こったことを材料にして、それをノアのリングに反映させようという目論見もあった。

G1で優勝できなかったのはノアのファンの人たちに申し訳なかったけど、大きな収穫は8月5日の大阪の公式戦でIWGPヘビー級チャンピオンの棚橋選手に勝ったことだ。棚橋選手とは03年12月9日に同じ大阪府立体育会館で彼が持っていたU—30無差別級選手権に挑戦するという形でシングルをやっていた。

なぜ、その試合が組まれたかは覚えていないが、その時はドラゴン・スープレックスで負けて「お互いに30歳になる前にもう1回ぐらいやってもいいんじゃないですか？」と言った記憶はある。それから8年近くが立ち、僕は32歳、棚橋選手は35歳になっていたが、タイガー・フロウジョンでリベンジを果たすことができた。

僕も陽だと思うけど、棚橋選手は僕よりも陽。ポジティブで前向きで、絶対に後ろを振り返らないような根っからの陽人間だ。だから試合をしていて、こっちまでニコニコしてしまうような雰囲気を持ったレスラーなのだ。お客さんの反応を見ると「今の新日本の顔なんだ！」というものを感じたし、ちょっとジェラシーを感じた。

彼は派手な空気を持ちつつ、プロレスはオーソドックス。昔のレスラーのように基本的なプロレスをやりたがる人間で好感が持てた。

しかし外敵として新日本のG1に乗り込み、IWGPチャンピオンを倒した以上は、こう宣言させてもらった。

「IWGPヘビーは別にいらない。俺が目指しているのはGHCヘビーだから。でも、もしGHCにたどり着くきっかけになるならば、やってもいい。棚橋からベルトを獲る。そして防衛戦は全部ノアでやる。IWGPジュニアのチャンピオンの時、さんざん新日本にコキ使われたから、全部ノアでやって新日本では防衛戦をやらない！」

新日本はG1終了と同時に9月23日の神戸ワールド記念ホールで棚橋vs丸藤のIWGPヘビー級戦を行うことを発表した。

IWGPヘビーに向けて新必殺技・虎王が完成！

IWGP戦が発表された8月13日、ノアのラゾーナ川崎でIWGP戦に向けて新必殺技を公開して玄藩をKOした。

今現在の僕にとって大事な技になっている「虎王」だ。

ユーチューブで見た格闘技イベント『HERO'S』で山本〝KID〟徳郁選手が宮田和幸選手をわずか4秒でKOした膝蹴りのイメージが頭の中にあって、膝を使ったいい技はないかと考えていて閃いた。膝を使う似たような技はたくさんあるし、山本選手は走り込んでいっての膝だったが、走り込まずにワンステップで決めるのが虎王の特徴だ。

下手なところに入ると大怪我をしてしまうし、実際にヨネさんの顎をパックリと割ったこともある。今は相手に無駄な怪我をさせないように、かつ的確にぶち込んでいるが、玄藩に初めて使った時は「打たれ強い奴だからちょうどいい」と、実験台になってもらったような感じだった。

名称は夢枕獏先生の格闘小説『餓狼伝』に出てくる技で、漫画家の板垣恵介先生による漫画版や『刃牙』シリーズで描いている虎王から拝借した。虎が食いついていくような勢いを表現したくて、技名を拝借したわけだ。

さて、ＩＷＧＰヘビーのベルトだが、残念ながら獲ることはできなかった。

序盤は膝攻めでペースを奪ったものの、15分過ぎからは読み合いの攻防になり、一進一退。タイガー・フロウジョンをこらえられ、まだ精度が高くなかったから虎王をかわされたことで勝機を逃してしまった。ジャーマン・スープレックス、ドラゴン・スープレックスは連続して回転着地したものの、再度のドラゴンを食い、ハイフライフローを決められた。ＩＷＧＰヘビーを獲れなかったのは残念だが、やはり目指しているのはＧＨＣヘビー。この棚橋戦で新日本とは一区切りつけることにした。

選手離脱、小橋さん引退、そしてさらなる大激震が！

ノア・マットでは、GHCヘビーはドント・ストップ王者の森嶋さんが順調に防衛を続け、GHCタッグは秋山&齋藤組からTNAのサモア・ジョー&マグナス組に移り、さらにKENTA&谷口組、潮﨑&齋藤組へと目まぐるしく移り変わっていた。

GHCジュニアは9月に金丸さんが全日本の近藤修司に奪われ、GHCジュニア・タッグ王者にはBRAVE所属のマルビンが同じメキシカンのスペル・クレイジーとメキシトソスというコンビを結成してSATの鼓太郎&青木組から奪取。ジュニアもヘビーもそれぞれに活性化されていたし、僕自身もこの年は怪我で欠場することなく走り続けることができて、いい形で13年につなげるはずだった。

しかし12月9日の両国国技館における年内最後のビッグマッチの直前に、ノアを揺るがすようなとんでもないことが起こってしまった。

大会5日前の12月4日、東京スポーツが一面で小橋さんの解雇と秋山さん、金丸さん、鼓太郎、青木の4選手の退団を報じたのだ。

会社が欠場中の小橋さんに来年の所属契約を結ばないと伝え、4選手は来年の所属契約を結ばない意思を会社に伝えたという内容だった。

この記事が出た日はシリーズ中で、千葉ポートアリーナで試合があった。

僕や杉浦さん、森嶋さんの取締役を兼ねる選手はもちろん、選手全員が当事者からも会社からも何も聞いていなかったから控室の雰囲気は最悪。もちろん怒りはあったけど、それよりもガッカリしたというのが大きかった。

他の道に行くのは、別にその人の人生だからしょうがないけど、事前に言ってほしかったというのが正直あった。もしかしたら言おうと思っていたのが新聞にすっぱ抜かれたのかもしれないが、新聞で知るのと、本人たちの口から聞くのでは全然違う。

そして、そういう時に限って試合は僕、杉浦さん、森嶋さんの取締役トリオｖｓ秋山さん、潮﨑、齋藤さんのトリオ。どんな感じの試合だったかは覚えてないが、辞める人たちからは「ちょっと順番がおかしくなっちゃったけど……」と説明してもらったとうっすら記憶している。でも、そんな感じだったから両国も完全におかしな雰囲気になってしまった。

一方、小橋さんは解雇を否定。リング上で翌13年に1試合だけやって引退することを発表した。

僕と杉浦さんは潮崎と齋藤さんの持つGHCタッグに挑戦した。もし潮崎と齋藤さんが防衛した場合、潮崎が退団する際に王座返上になる。僕も杉浦さんもそんなことをさせてたまるかと戦った。特に杉浦さんの潮崎に対する当たりは強かった。最後は杉浦さんが齋藤さんをオリンピック予選スラムで押さえて、僕と杉浦さんは5年ぶりにGHCタッグ王者になったが、杉浦さんの怒りは半端じゃなかった。

「これからノアの中心として戦っていくと思いますが、今後に向けて……」と記者に質問を向けられると顔色が変わった。

「中心も何も、もう中心しかいないだろ？　何人いるっていうんだ、ここに残された人間は。今後、奴らとどこかで試合することがあったら、俺は本当にただじゃおかないから！」

今だから書けるけど、12月23日のディファ有明でのクリスマス興行で潮崎とシングルをやることになった時も、試合前に「丸さん、僕、何かしちゃったらすいません。仕掛けちゃったらすいません」と杉浦さんは言っていた。

プロレスの範疇を逸脱することはなかったものの、杉浦さんの潮崎に対する攻めは凄まじいものがあった。割って入る西永レフェリーを吹っ飛ばし、マウントになってエルボーを振り下ろしていた。この日、僕は秋山さんと対戦してフロント・ネックロックでレフェリー・ストップ負けしてしまった。握手をして、一礼したが、花道を下がる秋山さんの背中にこう言った。

「おい、秋山！　俺は、勝ち逃げは絶対に許さないからな。何ヵ月後、何年後になろうとも、お前が試合したくなるリングにして俺は待っている！」

実は試合前、やはり納得がいかない部分があったから、秋山さんとは2人だけで話をしていた。2人だけの会話なので、ここでは書けないけど「こうこうだから」と言われたら「そうですか」と飲むしかなかった。それは止めるとかいうものではなくて「そうなんですね」と言うしかない理由だった。「そうなってしまっていて、そう思ってしまったなら、しょうがないですね」という類《たぐい》の話だった。

振り返れば、09年から何人かの選手が年末に専属契約解除でフリーにならざるを得なくなるという状況が続き、ノアの雰囲気は暗くなっていった。明るくするためにやむを得ずやっていることとはいえども、ノアを存続させるためとはいえども、イメージ的には完全にマイナスだったと思う。

そして、その時の副社長は僕。だけど誰が契約解除になるのか知らなくて「こうなりましたから」という事後報告を受けていただけだった。会社は僕にあまり重荷を背負わせたくないという配慮があったのかもしれないが、選手たちからすれば、そしてファンの人たちにしても「丸藤、副社長なのに」という思いがあったと思う。

そこで「いや、俺、知らなかったし」とは言えないし、その後に、契約解除になった選手にも機会があればフリーとして上がってもらったが、そうすると今度は「首を切っといて、よく使えるよな」という言い方をされて非常に辛かった。

きっと僕が置かれた状況を知らない人たちは「副社長のくせに何をやってるんだ！」と不満を持ったかもしれない。選手のリストラもそうだし、選手として他団体に出ていくのもそう。マッチメークにしても不平不満を言われた。

そこには僕なりに理由と役目があってのことだったし、マッチメークに関しては、対戦カードを発表する前に選手には知らせてあるわけだから、異議があるなら、その段階で言ってきてもらえばいいのに、なぜマスコミに向かってコメントする時に不平不満を口にするのか理解できなかった。それはファンに見せるべき部分ではないし、会社のイメージが悪くなるだけだと感じていたからだ。

誰が正しくて、誰が悪いというのはなかったと思うが、あの頃のノアには自分も含めていろいろな感情が渦巻いていて最悪の雰囲気だったと思う。

小橋さんの引退興行に向けて右膝負傷から27日で復帰

2013年初のビッグマッチは1月27日の大阪・ボディメーカーコロシアムだった。KENTAが森嶋さんを破ってGHCヘビーを初戴冠し、石森が全日本プロレスの近藤修司からGHCジュニアを奪回した。僕と杉浦さんは高山&谷口組相手にGHCタッグを初防衛した後に「可能性を広げていけるチームにしていきたい。ノア内でも外の人間だろうが、誰とでも防衛戦をやる」と宣言した。

1年間、王者としてノアを牽引してきた森嶋さん、その森嶋さんを破ったKENTA、GHCジュニアをノアに取り戻した石森、GHCタッグを防衛した僕と杉浦さんも、そして選手全員が前年暮れの選手離脱騒動のダメージを払拭するために必死だった。

しかし物事は思ったようには進まない。3月10日の横浜文化体育館で新日本プロレスのCHAOSの矢野通&飯塚高史組にGHCタッグを奪われ、巻き返しを図った『グローバル・タッグリーグ戦２０１３』は途中リタイアに終わってしまった。

４月13日の後楽園ホールでの開幕戦では大日本プロレスの佐々木義人&石川晋也組相手に白星発進したが、翌14日の新潟の６人タッグマッチでシェイン・ヘイストとロープワークを使った攻防中に右膝に激痛が走って動けなくなってしまったのだ。診断の結果は右膝の外側側副靭帯断裂と後十字靭帯断裂だった。これによりタッグリーグ戦は急遽、小峠に杉浦さんのパートナーになってもらった。

２００２年に左膝の前十字をやってしまった時も、２００９年に右膝の前十字をやった時も復帰まで９ヵ月かかったが、この時は27日で復帰した。５月11日の日本武道館の小橋さんの引退興行には絶対出たいと思っていたからだ。

「練習再開には３ヵ月」と言われたが、１ヵ月かからずにかなり回復した。右膝は内側靭帯しかない状態になってしまったが、後十字はなくても結構大丈夫のようだ。

最難関は怪我の回復よりも小橋さんの説得だった。

小橋さんも膝の負傷に苦労したり、いろいろ経験してきているからこそだと思うが「駄目だ。出せない。無理していいことはないんだから、しっかり治してから復帰しろ」の一点張り。「診断書を持って来るように」とまで言われた。一度決めたら絶対に変えようとしない頑固な人だから本当に参った。

でも、この大会に出ないと一生後悔すると思ったから、たまたま道場で一緒になった時は目の前で走って動きを見せて「これだけやれるから大丈夫ですよ」とアピールし、家に電話してお願いしたりして、ようやく「いいぞ！」と言ってもらえた。

小橋さん引退興行での復帰を発表できたのは大会9日前の5月2日だった。

小橋さんは優しすぎるし、天然すぎる人。凄い人だということを感じさせつつ、接しやすい人だ。接しやすいけど、絶対に「俺は小橋建太だぞ！」というのは失わない。

こうして復帰戦は5月11日の小橋さんの引退興行になった。カードはセミファイナルで、丸藤&鈴木みのるvs高山善廣&大森隆男だった。

試合は僕が高山さんのエベレスト・ジャーマンで取られて〝ノーフィアーという〟過去のタッグチーム〟に負けてしまったことは悔しかったが、久々に対戦した大森さんに串刺し式の大ジャンプ・バックエルボー、トラースキック、バックスピンのトラースキックをぶち込んだし、高山さんには不知火、虎王を決めた。復帰戦としては上々だったと思う。

ノアが新章に突入、そしてKENTAへの挑戦

小橋さんの引退興行翌日の5月12日、ノアは後楽園ホールで〝心に残るプロレス〟を新たなキャッチフレーズにして『方舟新章』という大会を開催した。

大阪プロレスを退団した原田大輔、留学生からレギュラー外国人になっていたオーストラリアの「TMDK」（マイキー・ニコルス&シェイン・ヘイスト）の入団、社長の田上さんが年末の有明コロシアムで引退試合をやることが発表された。来る者もいれば、去っていく者もいる……新たな時代に向けてのスタートの大会だった。

この日はKENTAのGHCヘビーに杉浦さんが挑戦した。杉浦さんに勝ったKENTAが「ノアにもっと刺激を与えて、のほほんとした奴らに活を入れないか？」と勧誘。すると杉浦さんは「俺はこのノアが好きで、このノアを一生背負っていきたいんだよ。その思いが一緒なら組んでもいい」と応じてBRAVEからNO MERCYに移った。

この瞬間にノアの勢力図が変わった。

生まれ変わらなきゃいけないという状況の中で僕らは懸命にもがいていた。ＫＥＮＴＡも杉浦さんも「何かをやっていかなきゃいけない」「新しいものを打ち出さなきゃいけない」と必死だったんだと思う。ノアが失ったものはあまりにも大き過ぎた。三沢さんであり、小橋さんであり、抜けていった秋山さんであり、スケール感で言うと、やっぱり僕たちはまだまだ敵わない。

「やらなくちゃいけない！」っていう気持ちは持っていても、それが結果につながっていかないのが非常に辛かった。

試合内容に関して自信を持って提供していたが、それがどうにもこうにも結果……つまり集客とかにつながっていかないのだ。

そこからどうすればお客さんが増えていくのかわからなかったし、不安もあったけど、まず一番失ってはいけないのは、ずっと応援してくれているファンの人たち。そのためにはまず僕たちが先頭に立って自信を持って何かを打ち出していかなければならない、しっかりしたものを見せなくてはいけないという気持ちだった。

６月13日の後楽園ホールでの三沢さんのメモリアルナイトでは杉浦さんとシングルで対戦して、最後はポールシフトからのタイガー・フロウジョンで勝った。

オリジナル技で試合を決めたけど、三沢さんのワンツー・エルボー、ローリング・エルボー、エメラルド・フロウジョンを思わず出してしまった。三沢さんの技は三沢さんのものであって、それを使って三沢さんを表現するというのはしたくないというこだわりをずっと持っていた。でも、あの杉浦戦はどうしても勝たなければいけないという中で「ここで出さずに、いつ出すのか⁉」と出たものだった。

「この数年間、大きい怪我と欠場を繰り返して、正直、自分に自信がなくなる時もありました。杉浦貴に勝つことができて、本来の自分の姿を取り返せたと思います。KENTA、チャンピオン、随分と待たせたな。そのベルトに挑戦させてもらう」

リングにKENTAを呼び出し、GHCヘビーへの挑戦を表明した。

1年前の2人の対決はブランドとして少し色褪《あ》せていたかもしれないけど、『方舟新章』を打ち出したノアにとって最高のカードのはずだ。GHCヘビーのベルトを賭けて戦うのはベストバウトになった2006年10月29日の日本武道館以来だ。

ノアが新章に突入した状況で、過去の自分たちにも今の自分たちの凄さを見せつけてやろうという気持ちだった。

さらに去っていった偉大な先輩たちが持っていた、試合で勝ったのに越えられない何か、体力でも技でもスピードでも勝っているのに越えられない何か……人を惹きつける何かをこの試合で身に付けて、見せていきたいと思った。

去った先輩たちとは直接対決はできなくなってしまったけど、越える時に来ているということを強く意識していた。

ＫＥＮＴＡとの大一番は7月7日、七夕の日に有明コロシアムで実現した。

僕もＫＥＮＴＡもお互いに読み合いつつ、ノンストップで動き回った。気付けば、試合は35分を越えていた。そして最後にリングに立っていたのはＫＥＮＴＡ。ナマ膝のｇｏ２ｓｌｅｅｐを返すことができなかった。この日、ＫＥＮＴＡは本当に強かった。いつの間にか僕の知らないＫＥＮＴＡになっていた。

15周年記念試合で中邑真輔とタッグ結成

ＫＥＮＴＡはＧＨＣヘビー級王者として独特のオーラを放ち、試合後にはお客さんに自分の言葉で熱く語り掛け、ファンの支持を集めていった。

でもノアの苦しい状況は変わらない。僕もＫＥＮＴＡに負けたからといって一段落しているわけにはいかない。8月24日に後楽園ホールで15周年記念大会を開催した。

どうせなら刺激物を入れたいと思って丸KENコンビの一夜限りの復活も考えたが、新日本から中邑真輔を呼ぶことにした。それまでタッグで2回戦っていたけど、まだまだ絡み切ってなかったし、タッグを組んで、横で独特の世界観を感じてみたいと思ったのだ。

そして決めたカードは丸藤&中邑組ｖｓＫＥＮＴＡ&杉浦組。

自己主張が強い人間ばかりを揃えたから、肝心の自分の存在感が一番薄くなる危険性もある組み合わせだが、そこで自分を出すのが丸藤正道だ。

当時の状況を考えれば、いろいろなカードや企画を温存しておくことはできない。やれることはやっていくというスタンスだった。

15周年記念大会はＧＨＣヘビー級王者ＫＥＮＴＡと中邑選手の初遭遇、杉浦さんと中邑選手の久々の激突……と、やっぱりオイシイところを持っていかれてしまった。杉浦さんに不知火を決めると、中邑選手がボマイェ（現在のキンシャサ）でアシストしてくれて連係が生まれたが、最後は杉浦さんの奥の手の米満リフトを食らって、残念ながら15周年を勝利で飾ることはできなかった。

米満リフトは12年のロンドン・オリンピック66キロ級フリースタイル金メダルに輝いた米満達弘さんが杉浦さんに伝授した技。米満さんは自衛隊レスリングで杉浦さんの後輩だ。両足タックルで抱え上げられてマットに叩きつけられ、そのままジャックナイフで丸め込まれてしまった。これはさすがに返せなかった。

結果的には主役の座を他の3人に持っていかれてしまったが、超満員のお客さんが満足している表情を見ることができて嬉しかった。その積み重ねが新たなノアを作っていくのだと実感した。

また、この日、ヨネさんに認められたDIAMOND RINGの中嶋勝彦が団体の枠を越えてBRAVEのメンバーになった。6月下旬から怪我で欠場していた森嶋さんは10月の復帰を宣言した。新章に突入した方舟は本当に少しずつかもしれないけど、確実にプロレス界の大海原に漕ぎ出していった。

中邑真輔選手とのたぎる戦いを

13年の秋は中邑真輔との絡みが中心になった。

「組むと楽しみが半減。ああいう選手とはやらないと、だな」

中邑選手は試合後にそう言っていたというし、僕自身も組むべき人間ではなく、対角線に立つ選手だという印象を持ったからだ。

「刺激になりそうなのは丸藤かな、経験もあるし、一番面白そう。ノアの印象は閉ざされた世界だよね。客も強い刺激を求めてるんじゃないの？　俺が行っただけで刺激になるんだから、飢えてるんだよ。そこんとこどうなの？」

9月になると中邑選手が挑発的に東京スポーツで発言したから、逃がす手はない。

「10月5日の横浜文化体育館の俺の対戦相手を空けて待っているから」とやり返し、10・5横浜での丸藤＆ヨネ組ｖｓ中邑＆ＹＯＳＨＩ－ＨＡＳＨＩ組が決定した。

ノア内の戦いも大切だし、最終的な目標はＧＨＣヘビーのシングル、タッグのベルトだけど、それ以外の要素でも話題を作ってお客さんを惹きつけなければならない。

中邑真輔は僕にとってスイーツと同じ別腹という感覚だった。せっかくのスイーツは美味しく頂かなくちゃいけない。横浜でのタッグ対決が決まるや、9月29日の新日本の神戸ワールド記念ホールに乗り込んで、シェルトン・Ｘ・ベンジャミン相手にＩＷＧＰインターコンチネンタル王座の防衛に成功した中邑真輔の前に立った。

混沌

ヘビー級への復帰、軍団抗争、選手離脱、鈴木軍との闘い、16年11月に新会社へ

「このリングに上がった理由はただひとつ。中邑真輔の首が欲しい。ここにいる全員に聞きたい。俺と彼の戦いが見たいかどうか？」

新日本のファンに呼び掛けると、歓声が上がった。

「って、みんな言ってるよ」

中邑真輔に振ると、敵もさるものだ。

「疲れてんだ……あとにしてくれ……。ウッソー！　誰かと思ったら、お前か？　丸藤。たぎるじゃねぇか。わかってると思うけど、答えは、こうだ……イヤァオ!!」

中邑真輔はやはり観客を手のひらに乗せる術を知っている。

お互いに握手をしかけて、お互いに手を引っ込めた。

このあたりの駆け引きで負けるわけにいかないし、こんな些細な部分でも中邑真輔は楽しめる。彼に言わせれば、そうした部分もたぎるのだろう。

どうせ戦うなら点ではなく、線にしたかった。「鉄は熱いうちに打て」ということで、横浜でのタッグ対決が決まったタイミングで、さらにファンの期待の上を行くことを仕掛けたかった。正直、彼のインターコンチのベルトには愛着も何もないけど、彼が持っているなら奪ってしまってもいいかなと思ったわけだ。

10・5横浜のタッグマッチではバック・クラッカー、リバース・パワースラムを食ってしまったが、ボマイェは阻止して不知火を決めた。最後は中邑真輔に見せつけるようにYOSHI―HASHI選手にタイガー・フロウジョンを極めた。非常に楽しかった。

そして新日本の10・14両国国技館ではインターコンチ戦。結論から書いてしまえば、ボマイェを食らってベルト奪取はならなかったが、やはり堪能できた。

彼は今まで戦ってきた新日本の選手とは試合の組み立て方も違うし、ちょっと異質な感覚があった。そして自己プロデュース能力が高かった。

自己プロデュース能力の高さに関して言えば、当時も今もノアにはそういう人間が少ないなと思う。だから今、僕や杉浦さんに対抗しようとしている若い奴らの中で、それができた人間が一気にトップに行くんじゃないかと思う。

僕の場合は自己プロデュースしていると言うよりも、若い時からいろいろな団体に出させてもらったし、様々な経験の中で自分の立ち位置、キャラクター、イメージを掴むことができたんだと思う。

それに他団体のお客さんたちにも丸藤正道というレスラーのキャラクター、イメージが浸透しやすかったと思うけど、今のノアの選手たちは外に出るきっかけが少ないから、自分を作り上げて、浸透させるのは実際問題として難しいだろう。

そんな中でも勝彦、拳王、マサ北宮とかは段々と濃い色が出てきているのを感じる。そうしたものをもっと表現できる場所をあげたいし、お客さんにもノアを大きな舞台で見せてあげたい。もしかしたら9月1日の僕の20周年の両国国技館がいいきっかけになるかもしれない。本を書きながら僕も楽しみにしている。

話を中邑戦に戻すと、彼は自己プロデュース能力が高く、自分の世界観を確立しているから、全部呑み込まれてやりづらい選手もいると思うが、僕の場合は棚橋選手とやった時もそうだったけど、凄く楽しかった。もっとお互いに試合という作品を作り上げられるんじゃないかという感覚もあった。

時代の過渡期の中でKENTAがWWEへ

この時期は本当にノアにとっては時代の過渡期だった。

13年最後のビッグマッチの12月7日の有明コロシアムで田上さんが現役を引退した。

年明けの14年2月15日には旗揚げからずっとフロントとしてノアを支えていた仲田龍さんが心筋梗塞で亡くなってしまった。退社や引退、急逝など……選手、フロントを含めて旗揚げメンバーがほとんどいなくなってしまったのである。

リング上では、開幕戦の1月5日の後楽園ホールでGHCヘビー級王座がKENTAから森嶋さんに移動。さらに2月8日の後楽園ホールでは前年の『グローバル・リーグ戦2014』に優勝した永田裕志が森嶋さんを倒して新日本に流出してしまった。さらに4月30日付でKENTAがノアを退団してWWEに行くことになった。

KENTAのWWE行きの噂は1月の終わりにデイリースポーツで報じられたのが最初だったと思う。4月30日の退団記者会見までKENTAは噂について「今、俺はこのノアにいる。それが答え」としていたが、年明けに本人から打ち明けられていた。

本当はその1年前ぐらいからKENTAはそういう気持ちを持っていたのだが、ノアが大変な状況に陥っている中で、ノアに留まってGHCヘビー級チャンピオンとして頑張ってくれていた。

だから「話があるんですけど」と言われて、ノアの事務所の社長室で話を聞いた時に、彼は踏ん張って頑張ってくれた人間だったから何も反対しなかった。

KENTAの退団会見には副社長として同席した。それによって、これが円満退団であることをファンの人たちにも、マスコミの人たちにも理解してほしかったからだ。KENTAはノア再建を目指していた中で、途中で投げ出すような形で自分の夢に挑戦することに悩んでいたが、もし彼が退団したことでノアが駄目になったとしたら、それは今まで彼に頼り過ぎていた結果に過ぎない。だから快く送り出すことに決めた。

KENTAのノアでのラストマッチは5月17日の後楽園ホール。KENTA&丸藤組vs杉浦&勝彦組というカードはKENTAの「組む人間も、戦う人間も、思い入れのある選手の中でいつも通りにしっかりとベストを尽くしたい」という強い希望によるものだ。

KENTAとの丸KENコンビは、10年12月12日のラゾーナ川崎における井上雅央さんの『雅央興行』で井上さんと玄藩相手に一夜限りの復活をさせて以来3年半ぶりだった。KENTAはNO MERCYを結成する以前のテーマ曲で入場した。そして僕が入場すると右手を差し出してきた。こんな形で握手をするのは何年ぶりだっただろうか。

デビュー戦の相手を務め、その後はタッグを組み、組んでいるよりも戦っている時間の方が長くなったが、お互いにノアを盛り上げるという気持ちで切磋琢磨してきた。リング上の関係はその時々で変わっても、同志、戦友という意味では2人の関係はずっと変わることはなかった。

だから組んでいないブランクは一切感じなかった。何も言わなくても、お互いにわかり合っているし、何年経とうが変わらない部分は変わらない。

雪崩式不知火とパワーボムの合体殺法のタイミングも完璧だったし、KENTAのハイキックからすかさず虎王を決めるという以前にはなかった連係も自然に出た。最後はgo2sleepを勝彦に決めて有終の美を飾り、KENTAはWWEへと旅立っていった。

副社長の足かせを外して永田さんに挑戦を表明

KENTAのラストマッチの日のメインは、ヨネさんが永田裕志に挑戦するGHCヘビー戦。永田さんは森嶋さんからベルトを奪取した後、KENTA、杉浦さん、谷口相手に防衛を続けていた。ヨネさんはノアのヘビー級の砦と言ってもよかった。

そのヨネさんをバックドロップ・ホールドで撃破して4度目の防衛に成功した永田さんは「この緑のマットをすっかり青に染め上げた」とナガダンスを踊り始めた。たまらずリングに飛び込んで、永田さんに宣戦布告した。

「俺に資格があるかどうかはわからない。でも、やるしかないんだよ。俺の15年のレスラー人生を懸けて、そのベルトに挑戦したい。挑戦させろ」

すると、永田さんはこう返してきた。

「それは副社長としての言葉か？　それとも一レスラー、丸藤正道としての言葉か？」

それは皮肉ではなく、永田さんが一レスラーの丸藤正道と向かい合いたいと思ってくれたと解釈した。当時の僕の置かれている立場をわかっていて、あえて投げかけたのだろう。

立場としてマッチメークに関わるようになって、自分で自分の試合をプロデュースすることはできても、自分で自分を持ち上げるというのは正直できなかった。やはり現場を仕切る立場から選手たちを見ていて、頑張っている人たちを上げていきたい、上げなくてはという思いがあった。

09年7月に副社長に就任して以降、新日本でIWGPジュニアのチャンピオンになったり、G1に出たり、外での活躍が多かったことに対して、KENTAやファンの人たちから批判の声が結構出ていたのはわかっていた、

それはノアをもっと多くの人に知ってもらうためのアピールであり、話題作りであり、ノアに他団体の選手を引っ張ってくるための外交ビジネスだったりしたが、ノアの本流の流れはKENTA、杉浦さん、森嶋さんらに任せて、自分は違うところで存在感を出すしかなかったというのも事実だ。

ぶっちゃけて書いてしまえば、オファーをもらった試合に出て行って、自分を発揮して結果を見せればいいから、外の方が自分を自由にさせてあげることができた。

永田さんがGHC王者になった時も、本当はイの一番に名乗りを上げなければいけなかったはずなのに、「自分よりも他のヘビーの人間にもっと頑張ってほしい！」という感覚に陥っていたと思う。

「丸藤、何で行かないんだ？」という声が聞こえてきた時も「行きたくても、行けないんだよ！」とは言えなかったが、ヘビーの選手がみんな倒されてしまったわけだから、もうそんなことは言っていられない。

「副社長として？　だから今までそれに挑戦できなかったんだ。レスラーとして挑戦

［第六章］

混沌

ヘビー級への復帰、軍団抗争、選手離脱、鈴木軍との闘い、16年11月に新会社へ

させろ」と永田さんに答えると、永田さんは「ゼア！ これが答えだ」と敬礼ポーズで応えてくれた。これで7月5日の有明コロシアムでの挑戦が決まった。

それまで、永田さんには1回も勝ったことがなかった。12年のG1公式戦でも、前年13年の『グローバル・リーグ戦』の公式戦でもバックドロップ・ホールドに敗れていた。でも、永田さんはリスペクトできるGHC王者だった。他団体の人だからノアを盛り上げる必要は特にないわけだが、「チャンピオンになったからにはノアを盛り上げる！」という気概を持ってノアの選手の高い壁として立ち塞がっていたからだ。その時点でノアにはあの世代の先輩、壁になり得る存在がいなくなってしまっただけに、説得力のある勝ち方をした上でベルトを取り戻したいと思った。

7月5日、永田さんに真っ向勝負を挑んだ。あの人のプロレスは畑が違うのに、全日本プロレス育ちなんじゃないかと思うぐらい四天王の匂いがあった。ストロング・スタイルという言葉の中には、永田さんのスタイルも含まれているんだろうけど、いろいろな新日本の選手と対戦してきた中で、全日本・ノア系の匂いがした。考え方とかやり方がこっち寄りだから、秋山さんと手が合うのかもしれない。

7年7ヵ月ぶりにノアの頂に立つ！

試合は永田さんの重いキックを浴び、バリエーション豊かなエクスプロイダーで叩きつけられたが、逆水平チョップで胸を腫れ上がらせてこっちの気持ちを見せつけた。

今は主要な武器になっている逆水平チョップは、永田さんとタイトルマッチをやる頃から意識して使っていたように思う。相手の胸を裂くことができるようになってからだ。僕のチョップは実際には逆水平ではない、袈裟斬りなのだ。昔、小橋さんにチョップをやり返した時に、たまに手応えを感じることがあったけど、変形性頸椎症性神経根症で右腕に力が入らなくなって力を抜くようになってから、打つのではなく、腕をムチのようにして相手の胸を斬るイメージでやるようになった。

もうひとつだけ威力を増すための秘密があるが、それはここでは書かない（笑）。

永田さんとの試合に話を戻すと、本当にギリギリの勝負だった。やられっぱなしだったけど、諦めない先輩たちの姿を見てきたから、何があっても諦められなかった。

リストクラッチ式のエクスプロイダー（エクスプロイダー・オブ・ジャスティス）

をこらえて、虎王をクリーンヒットさせることができたのが勝負の分かれ目だった。

ここから自分のオリジナル技ポールシフトと三沢さんのオリジナル技エメラルド・フロウジョンを合体させた技で叩きつけて、3カウントを奪うことができた。

この技は6月13日の後楽園ホールで開催された三沢さんのメモリアルナイト興行で齋藤さんとシングルをやってポールシフトを狙った時に、形が崩れてエメラルド・フロウジョン式に叩きつけて生まれた技。齋藤さんの体形は持ち上げづらいのだ。

考えて作った技ではないから、敢えて特別なネーミングはしていない。それはそれでこだわりだ。だからいまだにポールシフト式エメラルド・フロウジョンとか、変型エメラルド・フロウジョンという呼ばれ方をしている。

この偶然の産物とも言える技によって、三沢さんに明け渡した時から7年7ヵ月ぶりにGHCヘビー級チャンピオン……ノアの頂に立つことができた。

初めてGHCヘビーのベルトを巻いた時は26歳だったのが、35歳を目前にしていた。初めて獲った時は若さと勢いだけだっただけに、今回は意味合いが違った。

偉大な先輩たちが守って作ってきたノアを自分たちの世代でなくしてはいけない。自分はその先頭に立って行くのはもちろんだが、みんなで頑張ってノアをまたプロレス業界のトップに持って行かなければならない。

「ギリギリ間に合った。年齢、コンディション、キャリア……本当にギリギリだったと思う。今まで結果が残せなかったり、怪我とかで期待を裏切ってきた。それでも、これだけの人が応援してくれたことに感謝してます。偉大な先輩たちの名に恥じぬように一生懸命やっていきたいと思います」

有明コロシアムに集まってくれたファンに、そう決意表明をした。

ノアの象徴になるために濃密な防衛ロード

そして、すぐさま初防衛戦の相手を指名してリングに呼び出した。同じBRAVEで普段は隣に立っている中嶋勝彦だ。当時の勝彦はノアではなくDIAMOND RING所属だったが、そんなことは関係ない。ノア・マットの若い力として勢いを感じていたし、この年の2月には師匠の佐々木健介さんにシングルで勝っていて、実績も申し分なかった。小さい身体でもヘビーを凌駕するものを持っているという点では、スタイルは違っても同じ感覚、同じ考え、同じ気持ちを持っている人間だと思っていたから、そこを彼と表現し合いたいというのがあった。

さらにＫＥＮＴＡというライバルがいなくなった中で似た匂いを感じていたこともあって指名したのかもしれない。

７月21日の博多スターレーン。勝彦のキックは強烈だった。チョップで胸を切り裂き、最後はポールシフト式エメラルド・フロウジョンで仕留めたが、勝彦の勢いを真正面から受け止めるのはきつかった。でも先人のチャンピオンたちがそうだったように、素晴らしい試合を繰り返してノアの象徴になれるように頑張っていこうという気持ちがより強くなった。

２度目の防衛戦に指名したのは森嶋猛。彼は１月にＢＲＡＶＥを裏切って谷口、拳王、大原はじめと「超危暴軍」という新たなユニットを結成した。２年前には杉浦さんの代打として彼が持っていたＧＨＣヘビーに挑戦して負けていることもあり、いろいろな意味でけじめをつけようと思ったのだ。

８月24日の後楽園ホールでのタイトルマッチは、超危暴軍が総力戦を仕掛けてくることは目に見えていたから、ＢＲＡＶＥもメンバー全員がセコンドに付いた。

ドント・ストップ王者時代とは違い、メンバーを駆使する超危暴的ファイトにはある意味で感心させられたが、虎王3連発でケリをつけた。

森嶋さんは1年先輩で、入門した時からずっと一緒に過ごしてきた。このタイトルマッチは「対角線上でもいいから、一緒にノアをさらなる高みに持っていこう」という僕からのメッセージでもあった。

でも首領を倒された超危暴軍は黙っていない。鉄仮面に変身して2年半になる谷口が無言で挑戦を表明してきた。素顔時代と同じく、やっぱり無口な男なのだ。

谷口との防衛戦は9月23日の新潟市体育館。この大会は大仁田厚さんの『大花火』と合同興行で、メインではNO MERCYと大仁田・邪道軍の有刺鉄線爆破マッチも行われることになっていたから谷口にひとつだけ注文を付けた。

「インパクトで電流爆破を超えるのは難しいけど、しっかりしたプロレスを見せて締め括りたい。だから今までのマイバッハの戦い方だけで成り立たせようとするとインパクトで負けちゃうよ。つまらんことをやったら笑い者になるだけだから、マスクの中に脳みそがあるなら、フル回転させて考えた方がいいよ」

9月23日の新潟市体育館。谷口は刺又《さすまた》をレフェリーに渡し、セコンドの拳王と大原を控室に戻し、試合も正攻法できた。ハーフネルソン・スープレックス、マイバッハボム、マイバッハプレス……出せるものを全部出してきたと思うが、まだまだだった。彼は潜在的にもっと凄いものを持っているが、この時点ではあれが精いっぱいだったか。最後はポールシフト式エメラルド・フロウジョンで勝負をつけた。

ここまでノアの選手と防衛戦を続けてきたが、4度目の防衛戦では大日本プロレスの〝マッスルモンスター〟関本大介を迎え撃った。

関本選手はノアにスポット参戦するようになってシングルでヨネさんに勝ち、大日本でのデビュー15周年記念大会では杉浦さんにも勝って実績を作っていた。

決戦の舞台は10月12日の横浜文化体育館。一言で言うと彼は化け物だった。上背はそんなにないけど、あの身体とパワーは努力の賜物以外の何ものでもない。

彼との試合は、プロレスをわかりやすく表現できる。関本選手はひとつひとつの技の威力や華麗さを「実はこんなに凄い」ということを表現できる相手だ。

チョップは分厚い胸板に跳ね返されたし、虎王はラリアットで撃墜された。垂直落下式ブレーンバスターも、ぶっこ抜きジャーマンも強烈だった。

でも、やりやすい相手でもあった。やりやすいということは、彼があんなに筋肉の塊のようなデカい身体でも素晴らしい技術、対応力があるということだ。

最後は膝が壊れてもいいくらいの気持ちで虎王を4発ぶち込んで決着をつけたが、関本選手は出るところにでたら、もっと上に行く人なんじゃないかと思う。

方舟新章の締め括りは杉浦さんと男と男の勝負

12月6日の有明コロシアム。2014年最後の防衛戦の相手は当然と言うべきか、必然と言うべきか、杉浦さんになった。

『グローバル・リーグ戦2014』で関本選手に勝って優勝した杉浦さんは「ノアに残った2人で最高の試合をしましょう」と挑戦を表明してきた。

杉浦さんほど男気を持っている人間はいないと思う。ある程度、年齢がいってからこの世界に入ってきて、一からまたやって……これと決めたらとことんやる人だ。自衛隊という場所で厳しく鍛えてきたというものも活きていると思うけど、根本的に考え方がしっかりしている人じゃないかなと思う。人間的には不器用かもしれない。真っすぐ過ぎて先輩に対して納得がいかないことがあって感情を露《あらわ》にしてしまう時もあった。名前は伏せるが、ある先輩にいろいろ言われた時には握り拳を作って、その場で殴ろうとしたのをリキさんが止めたという話を聞いたことある。その場でぶん殴って辞めてやろうと思ったらしい。

ＧＨＣヘビー14度の最多防衛記録を作った時代に「三沢さんのいない武道館はどうですか、小橋さん、秋山さんが欠場していない武道館は物足りないですか？　自分はそういうものとも戦っています」とリング上からお客さんに呼び掛けたこともあった。本当に熱い人なのだ。

そんな杉浦さんと防衛戦……ここに至るまでの数年だけでも「どうなるかわからない」という激動だったが、その中で杉浦さんと僕は組んでいようが、戦っていようが、ノアというものを信じてやってきたし「守らなくちゃいけない」と思ってやってきていたから、その２人で年内最後のＧＨＣ戦をやれるというのは本当に嬉しかった。

ただし、試合は本当にきつい。杉浦さんは打撃のひとつひとつがきついし、肉体的にもメンタル的にも強いし、プロとしてのプライドが非常に高くて常にコンディションもしっかりしている人だから半端な気持ちではやれない。

オリンピック予選スラムはもちろんだが、やっぱりエルボーがきつい。三沢さんレベルまでいっていると思う。

実は三沢さんが亡くなった後、エルボーを使っていこうかなと思ったが、杉浦さんがやった方がお客さんの反応がいいから、僕はチョップに走り始めたという経緯があった。気が入っちゃった時の杉浦さんのエルボーは本当に鬼だ！

そんな猛攻を凌いで、最後は後頭部に虎王を打ち込み、ポールシフト式エメラルド・フロウジョン。杉浦さんと〝男と男の勝負〟で方舟新章となった2014年を締め括ることができて本当に良かった。

シングルマッチで藤波辰爾と小島聡を体感

14年下半期にはタイトルマッチの他にも感慨深い試合をやっている。11月19日のドラディション主催の後楽園ホールで藤波辰爾さんとシングルマッチをやったのだ。

藤波さんとは前の年に初代タイガーマスクの佐山さんと組んで藤波さんと金本さんのコンビとタッグで戦ったが、藤波さんとの絡みはあまりなかったので、もうちょっと味わいたいと思っていた。そこに藤波さんから「還暦を迎えた記念試合の相手としてシングルを」というオファーをいただいた。シングルマッチだけにグラウンド・レスリングも堪能できたし、ドラゴン・スクリューからの足四の字固め、ドラゴン・スリーパーなどのドラゴン殺法も十分に味わわされた。

本家のドラゴン・スクリューは、みんなが見様見真似でやっているものとは違った。受け身の方向というか、受け流す方向というか、自分の中で思っている身体を流せばいい方向が他の人のドラゴン・スクリューとはまったく違う。

そのお返しに藤波さんの顎を虎王で撃ち抜かせてもらった。最後は何をやっても立ってくるから、変型の首固めでキッチリと3カウントを奪わせてもらった。

藤波さんも佐山さんと一緒で隙間がない。しっかり、ガッチリ極めているから隙間がないのと、身体が分厚いから隙間がないのとで圧力が凄かった。

僕よりも全然大きくて、とても元ジュニア・ヘビー級とは思えない圧力を感じた。そして手が分厚い。お相撲さんと握手しているみたいな分厚さがあった。そういうところにも昭和のプロレスラーという重みを感じた。

ノアの15周年イヤーの2015年は1月10日の後楽園ホールで幕を開けた。

杉浦さんとGHC戦をやった有明コロシアムで森嶋さんとの挑戦者決定戦に勝利した新日本プロレスの小島聡と新年一発目から防衛戦だった。

小島さんとはそれまで3回シングルで戦っていた。

12年にG1に出場した時の初戦の相手が小島さんで、この時はウラカン・ラナで丸め込んで勝ったが、同じ年の9月にノアの後楽園でやった再戦ではラリアットに敗れ、さらに『グローバル・リーグ戦2014』公式戦でもラリアットを食らって負けて1勝2敗と負け越していた。

そんな経緯もあるし、新年第1戦だけに絶対に負けられない試合だったが、小島さんは何をやっていても明るい選手。すべての人、すべてのものを明るくするパワーを持っている。

だから外敵なのに試合をしているこっちまで楽しくなってしまった。小島さんも永田さんと同じく、全日本プロレス的な匂いを節々に感じるレスラーだった。

中学生のファン時代に見ていた小島さんをポールシフト式エメラルド・フロウジョンできっちりと押さえて6度目の防衛を果たすと同時に対戦成績を2勝2敗の五分にして、ノーサイドで握手して気持ちよく新年のスタートを切った……と思いきや、次の瞬間にとんでもないことが起こった。

海賊・鈴木軍が襲来！　宝はすべて奪われた

小島さんと握手し、勝利者インタビューに答えていると客席がざわめきだした。会場を見渡すと、鈴木みのる、デイビーボーイ・スミスJr、ランス・アーチャー、シェルトン・X・ベンジャミン、飯塚高史、タイチ、TAKAみちのく、エル・デスペラードの「鈴木軍」が雪崩込んで来たのだ。不覚にも鈴木みのるに背後から襲われ、スリーパー・ホールドで落とされてしまった。

「てめぇらが売ってきた喧嘩、俺が買ってやるよ。鈴木軍が買ってやる。とりあえず、お前らが持ってるそのお宝全部、俺のところによこせ！」

鈴木みのるはそうアピールしたようだ。「ようだ」というのは、意識が薄れていて、はっきりとはわからなかったからだ。

どうやら鈴木みのるは、鈴木軍と抗争を展開していた矢野選手のオファーを受けて、僕とTMDKが1・4東京ドームに乗り込んだことに因縁を吹っかけてきたようだ。東京ドームでは矢野選手とカルテットを結成してベンジャミン&アーチャー&デイビーボーイ&飯塚組を撃退したからだ。

組んでいた時の鈴木みのるとは根本的な部分では変わっていないんだろうが、まったく別物として乗り込んできたからにはこちらも腹を括った。方舟を襲撃してきた海賊は容赦なく撃退するのみだ。

「3月15日の有明コロシアムで、GHCのベルトを賭けて鈴木みのるを潰して終わらせる！」

そう宣言してシリーズのカードも鈴木軍との対抗戦に切り替えた。

いざ、事を構えた鈴木軍は、新日本でどんなポジションにいたのかは知らないが、鬼気迫る迫力があった。乱入あり、凶器あり……勝つことだけを考え、勝つためには何でもやるという、今までのノアの歴史の中にはないタイプの選手たちが一気に上がってきたからウチの選手たちもお客さんたちも浮足だった感があった。

まず2月11日の名古屋でTMDKがアーチャー&デイビーボーイの「KES」にGHCタッグを奪われてしまった。

そして3月15日の有明コロシアムでは拳王&大原がTAKA&デスペラード組にGHCジュニア・タッグを、小峠がTAKA&デスペを手足のように使ったタイチの狡《こう》猾《かつ》なファイトにＧＨＣジュニアを奪われた。さらにＴＭＤＫはＫＥＳからのＧＨＣタッグ奪回に失敗した。

メインのＧＨＣヘビーはＢＲＡＶＥと鈴木軍の総力戦になった。序盤こそ、かつての鈴木みのるとの戦いのようにグラウンドの攻防や打撃戦になったが、場外戦になると鈴木軍が殺到してくる。そして飯塚のアイアンフィンガーを食らったのが致命傷になった。その間、タイチがレフェリーを引きつけているというしたたかさだ。

結局、鈴木みのるのゴッチ式パイルドライバーに屈辱の３カウントを聞いた。

方舟の宝はすべて海賊・鈴木軍の手に渡ってしまった。

「お前たちの宝はすべてここにある。俺はプロレス界の崇高なる王・鈴木みのるだ！」

鈴木みのるは大見得を切った。

悔しいのは鈴木みのるは弁が立ち、悪者のくせに言うことが正論に聞こえることだ。横暴なようでいて理に適ったことを言う。そして常にプロレスのことを考えている。

こちらもいろいろなことを考えて戦わないとすべて呑み込まれてしまうというか、ノアのファンも持っていかれてしまう。やってることは悪いのに「あれ？　鈴木の言ってることの方が正しくね？」みたいになってしまうから難しい相手だった。

ノアとしてはBRAVE、NO　MERCY、超危暴軍の3ユニットが大同団結してベルトを取り戻すことになったが、それは今までのノア内の戦いの図式を白紙にしてしまうということでもあった。

リベンジの場は5月10日の横浜文化体育館。結論から書いてしまえば、ひとつも宝を取り戻すことはできなかった。

KESからのGHCタッグ奪回には『グローバル・タッグリーグ戦2015』で優勝した杉浦さんと田中将斗選手の弾丸ヤンキースに期待がかかったが、ベンジャミンの乱入によって試合の流れが一変。杉浦さんがキラーボムの餌食になってしまった。

僕と鈴木みのるのGHCヘビー再戦は、立会人の小橋さんがセコンドから鈴木軍を排除し、僕もセコンドを引き揚げさせたが、試合の途中でKESが花道に姿を見せた。これは罠だった。思わず気を取られてしまい、試合の流れを変えられてしまった。そしてまたもやゴッチ式パイルドライバーを食らった。

形としてはセコンドの乱入もなく、反則もない状態で負けたのだから完敗である。

「俺は反則ひとつもしてねぇぞ。横浜に集まったお前ら、よく見てろ。今日、プロレスリング・ノアはすべて終わりだ。俺の手で完全に沈没したんだ。俺たちはこの国の王だ。俺たちの名前は……鈴木軍、イチバーン！」

鈴木みのるは、またまた理に適った言葉で勝ち誇った。

ノアが混迷する中で森嶋さんが引退宣言

鈴木軍の猛攻に呑み込まれそうな非常事態の時にノア内部でも波乱があった。取締役のひとりでもあった森嶋さんが突如として引退を宣言したのだ。

「俺、出れません」

森嶋さんがそう言ってきたのは『グローバル・タッグリーグ戦２０１５』開幕直前。身体は大きいが非常に優しく、神経が繊細な男だから糖尿病でドクターストップがかかったことで精神的に参ってしまったようだった。

タッグリーグ開幕2日前の4月16日にとりあえず古傷の怪我による欠場という形で発表したが、森嶋さんは週刊プロレスなどのマスコミに引退の意思を伝えたり、Facebookで自分の思いを発信するなど、コントロールできなくなってしまった。

引退の意思は固く、不本意ながら4月21日に会社として引退を発表し、森嶋さんには鈴木みのるとの再戦に敗れた5月10日の横浜文化体育館に来てもらってお客さんに直接引退を表明してもらった。そして森嶋さんは9月19日のエディオンアリーナ大阪大会で引退セレモニーを行うことも自分の口で発表した。

その後に森嶋さんから「プロレスラーとして引退試合をしたい」という連絡があった。辞める人間の気持ちを尊重するのが一番いい送り出し方だと思ったから、もしかしたら気持ちがまた二転三転するかもしれないとは思ったけど、大阪大会を引退試合として開催すると改めて発表した。

しかし森嶋さんがノアで引退試合をすることはなかった。1ヵ月ぐらいして「今の時点で9月19日までに試合に臨めるコンディションを整えられる状況にない」という連絡があり、6月12日に引退試合の延期を発表。最終的には本人の意向で引退試合、セレモニーは取りやめになり、15年年末で契約も満了になりノアを去ることになった。

森嶋さんは18歳で全日本プロレスに入門した時に道場のドアを開けてくれた人で、ずっと一緒にやってきた。一緒に過ごした時間は両親といた時よりも長いわけだし、どうにかしてあげたいというのがあった。

「時間が掛かってもいいから、整えてやればいいんじゃないですか?」と言ったが、それがもしかしたら彼にとっては逆に嫌だったのかもしれない。

「出られるまで待ちますよ。やりましょう」と待っていたけど、森嶋さんはそのまま去ってしまった。寂しさしかなかったし、その後、連絡はなかった。

ところが、この本を執筆している最中の2018年7月10日、後楽園ホールで森嶋さんと再会した。この日は長州力さんのプロデュース興行に参加したが、控室に入ると、そこにいたのだ。この日の東京スポーツでは森嶋さんが10月に復帰することを報道していた。「体調はどうですか?」と話しかけると「こういうことで、こうなったから」と復帰に至るまでの説明をしてくれたが、どこかよそよそしい感じだった。

復帰に関しては、お客さんありきのプロレスなので、それをわかった上での今回の決断であることを僕は祈っている。復帰するなら、しっかりと復帰して、お客さんの心を掴むプロレスをしてほしいと思う。

三沢さんの七回忌で天龍さんと初めて対戦

森嶋さんの引退試合延期を発表した翌日の6月13日には、広島グリーンアリーナで三沢さんの七回忌追悼興行を開催した。6年前の同じ日、この会場で三沢さんは亡くなったのだ。

この日のメインは鈴木軍との抗争ではなく、丸藤&永田&井上組vs天龍&高山&小川組によるメモリアルマッチが組まれた。

パートナーになってくれた永田さんは三沢さんとGHCタッグを争った仲。井上さんは僕よりも8年先輩で、三沢さんは井上さんの〝雅央ワールド〟が好きだった。

対戦相手の天龍さんは、全日本プロレス時代から三沢さんが慕っていた大先輩。高山さんは三沢さんと初代GHCヘビー級王座を争った仲だし、小川さんは全日本から三沢さんのパートナーを務めていた。三沢さんと所縁《ゆかり》のある選手が顔を揃えた中で、天龍さんとは初めての対戦だった。

天龍さんは04年にノアに上がってKENTAや潮﨑とはシングルをやっているが、僕は一切、触れる機会がなかった。

触れることはなかったけど、今のプロレスラーはお客さんの目を気にすることが多いし、綺麗な試合が好まれる風潮の中で、プロレスの厳しさをファンに見せているようで実はプロレスラーに教えているというのが感じられた。

このメモリアルマッチでも、あまり絡む機会がなかったが、試合後に握手を求めたら「打ってこい！」と言われてチョップを交換した。試合が終わった後に「打ってこい！」なんて言う人はなかなかいない。あんな頑固親父は見たことがなかった。やっぱり天龍さんはプロレスラーらしいプロレスラーだった。

もっと触れておきたかった人だが、身体でやり合うことが無くなった分、いろいろな話を聞きたいというのはある。

この七回忌興行は、最後に鈴木軍を除く全選手がリングサイドに並び、リング上に田上社長、川田さん、小橋さん、スタン・ハンセンが並んでのセレモニーで終了した。「彼が亡くなってから今年で七回忌です。そんな今年にベルトがすべて流出するという苦しい現状です。天国の三沢さんに叱られないように、選手社員一丸となってベルトを奪回します。皆様もご声援、よろしくお願いします」

田上社長の挨拶は悲壮だった。そういうことを田上さんに言わせないように三沢さんに思わせないように、しっかりやっていくのが僕らの役目だと気持ちを新たにした。

ノア解散をかけてグローバル・リーグ優勝

しかし鈴木軍の勢いは増すばかりだった。

特にGHCヘビー級王者の鈴木みのるは強かった。僕は奪回に失敗し、谷口も、助っ人としてノアに加勢した髙山さんも、杉浦さんも敗れてしまった。

「俺より弱い奴しかいない団体に興味はねぇ。もう、こんなところに用はない」とノアからの撤退をチラつかせた上で、こう条件を出してきた。

「お前らの何とかリーグ戦（グローバル・リーグ戦）を『鈴木みのるリーグ戦』にしろ。王様ゲームの延長戦……誰も俺に勝てなかったら、お前たちが〝最後のボタン〟を押せ」

さすがにプロデュース力に長《た》けた鈴木みのるだ。ノアの恒例イベントも自分の色に染めて「負けた場合にはノアを解散せよ」と迫ってきた。

これに対してノア選手団代表・丸藤正道として「きたる『グローバル・リーグ戦2015』では、鈴木みのる選手及び鈴木軍選手が優勝した際にはプロレスリング・ノアを解散する覚悟である」という声明文を出した。

このリーグ戦、Ｂブロックにエントリーされた鈴木みのるはノアの選手の誰にも負けなかった。足を引っ張ったのは時間切れ引き分けになったベンジャミンと両者リングアウトに持ち込んだ飯塚。いずれも鈴木軍のメンバーだったというのは皮肉だ。

結局、優勝戦に勝ち上がったのはベンジャミンだった。

一方、Ａブロックからは、この丸藤正道が勝ち上がった。鈴木軍との抗争を引き起こしたのは自分だけに勝ち上がって優勝するのは義務だった。

しかしベンジャミンは強敵だった。もう、生き物として違うという感覚だった。その身体能力は人間ではなく、まるで野生動物。あのサイズであの身体能力の日本人レスラーがいたら、間違いなくスーパースターだろう。

場外で裏ジャイアント・スイングの形で左右に振り回されて場外フェンスにガンガン叩きつけられた時は信じられなかった。何とか防御した腕も痛かったけど、まともに頭が当たっていたら大変なことになっていた。あんな形で人間を左右に振り回すなんてことは凄いパワーと体幹の強さがなければできないことだ。

虎王、不知火・改、虎王、不知火、ポールシフト式エメラルド・フロウジョンという、これ以上ない畳みかけで何とか攻略して優勝をモノにしたものの、正直な気持ちを書いてしまえば、ラッキーで勝てただけだ。

「生き残ったのは、てめぇか。お前、なに偉そうにこんなところに立ってるんだよ？　ここは王がいる場所だ。俺に2回も負けた奴がいる場所じゃない。最後にお前がすべてを背負って出てこい。すべてだ。12月23日、大田区総合体育館。俺の相手は丸藤正道。さあ、やるか？」

優勝セレモニーのリングに上がってきた鈴木みのるはそれだけ言うと去った。

「今まで賛否両論、叱咤激励、すべてを聞いて力に変えてきた。もう一度、あなたたちに聞く。もう1回チャンスをくれ！」

今まで何度もがっかりさせてきたお客さんにそう訴えるしかなかった。

ファンの罵声の中で戻ってきた潮﨑

10月4日の名古屋で小峠&原田の〝桃の青春タッグ〟がＴＡＫＡ&デスペからＧＨＣジュニア・タッグを奪回し、僕が『グローバル・リーグ戦２０１５』に優勝したことでノア・マットの流れが変わってきた。

そして12・23大田区決戦を前に新たな波が起きた。13年末にノアを去った潮﨑豪がフリーとして参戦表明したのだ。

「いろんな意見があると思います。ただ、俺はこの緑のマットで試合がしたい」

11月20日の後楽園ホールに来場して挨拶した潮﨑はノア・ファンの罵声を浴びた。

正直、潮﨑の戻ってきたいという気持ちを聞いた時に抵抗は多少あったが、ノアにとってヘビーの選手が戻ってくるというのは状況的にプラスだ。

でもノアの選手よりもファンの人たちの拒絶反応の方が凄かった。潮﨑がどうやってファンの気持ちを変えていくのか。選手の気持ちをどうこうするよりも「じゃあ、やってみろ」という感覚だった。それはもう、こちらからプッシュしたり、手伝ったりすることではない。そんなことまでして彼を無理やり戻す気もなかった。そこには僕だけでなく、多分、杉浦さんも変な意地を持っていたはずだ。

潮﨑がノア・ファンの反感を買ってしまったのは、団体の顔になるはずの人間で、ましてや三沢さんが亡くなる前に正パートナーとして一緒にいた人間。普通のレスラーよりも応援もされれば、その反対になった時にはより逆風を受けて当然だろう。

ただ試合をするだけなら、同じリングで試合をしているだけであって、本当に戻ってきたことにはならない。そこでもしファンの気持ちを変えることができたら、もう1回、潮﨑を受け入れられるんじゃないかというのが当時のノアの人間の共通した気持ちだった。

鈴木から至宝を奪回その直後に裏切り劇

12月23日の大田区総体育館では小峠&原田がTAKA&デスペを返り討ちにしてGHCジュニア・タッグを防衛し、石森がタイチを攻略してGHCジュニアを奪回した。GHCタッグはクリス・ヒーローとコルト・カバナが挑んだもののKES攻略はならず、すべてのベルトを年内にノアに取り戻すことはできなくなったが、この時点ではノアが優勢。でも、ここで鈴木みのるを倒してGHCヘビーを取り戻さなければ年の最後もバッドエンドになってしまう。

ゴッチ式パイルドライバーを切り返して逆にゴッチ式パイルドライバーを決め、虎王を連発し、最後はポールシフト式エメラルド・フロウジョンを決めた。

鈴木みのるとの抗争の中で偶然に生まれたのが、相手の死角から入るトラースキック。鈴木みのるがダメージのある状態でこっちを向いた時にトラースキックをぶち込んでやろうと待っていたら、ずっと背中を向けているから「こっち向かねぇなら、蹴っちゃおう」と、後ろから顔面に向かってキックを入れたのが最初だ。それが素晴らしくヒットして、それから使うようになった。こっちを向いていたら生まれていなかった技だから、ある意味で彼には感謝している。この日の試合でも有効打になっていたはずだ。見えないから相手にとっては意外に怖い技だと思う。

こうして9ヵ月ぶりに至宝を奪回。杉浦さんが笑顔でリングに上がってきて祝福してくれたと思いきや、オリンピック予選スラムで叩きつけられてしまった。

まさかの裏切りだった。杉浦さんは鈴木軍に合流したのである。

「丸藤と杉浦が組んで鈴木軍と戦う」という当たり前過ぎる感覚を裏切るというのは鈴木みのるのプロデュースだったと思う。当たり前の風景の中、ノアの中で丸藤という人間に対抗する人間は杉浦しかいないということをわかっていたのだ。

杉浦さん自身、あのノアｖｓ鈴木軍の図式の中で、どういう立ち位置がノアにとってベストになるかを考えてのことだろう。そこであえて対抗する位置に立ったんだと思う。今の杉浦貴というレスラーは凄くプロレスに関して考えるようになっているが、鈴木軍に行っていたあの頃の経験を踏まえている部分も大きいのかなという気がする。

ノアにとって鈴木軍は毒か、薬か？

杉浦貴が去れば、来る者もいる。佐々木健介さん引退後もひとりでＤＩＡＭＯＮＤ ＲＩＮＧの看板を守っていた中嶋勝彦が２０１６年１月からノアに正式入団。全日本プロレスからフリーになった金丸さんが潮﨑のパートナーの形で戻ってくることになった。いい流れで迎えた16年初のビッグマッチは1月31日の横浜文化体育館。「ノアの力になりたい」と訴えていた潮﨑は鈴木みのるとの一騎打ちに臨んだが、金丸さんに裏切られてゴッチ式パイルドライバーに沈んだ。金丸さんは鈴木軍に付いたのだ。

杉浦貴を迎えてのＧＨＣ初防衛戦は、根っこの部分では以前の丸藤ｖｓ杉浦と変わらなかったと思うが、鈴木軍は例によって総力戦を仕掛けてきた。

客席から飛び込んできたアーチャーを勝彦が排除したと思ったら、今度はタイチが現れた。タイチに気を取られていると、猛ダッシュでリングに上がってきた鈴木みのるにスリーパーを掛けられ、さらにゴッチ式パイルドライバーを食ってしまった。最後はレフェリーも巻き込んだ大乱戦の中、パイプイスで殴られた挙句にオリンピック予選スラムで叩きつけられて、わずか39日で至宝をまたまた奪われてしまった。

「俺たち鈴木軍は、このノアのすべてを破壊する。すべてだ！　てめぇらも、この方舟も、お前らの仲間の絆も、プロレスのスタイルもすべてぶち壊してやる」

鈴木はそう豪語した。

確かに鈴木軍との抗争が続く中でノアのプロレスは否応なしに変わっていった。どうしても荒れる試合が多くなり、じっくりしたレスリングは少なくなっていった。

もちろん、今までのノアのスタイルで試合をしようとすればできたとは思う。でも、今までいた先輩たちがみんないなくなって顔ぶれも変わり、時代が流れている中で、昔と同じことを僕らの世代でやっているだけでいいのかという部分では、鈴木軍は良くも悪くも大きな刺激になったのは紛れもない事実だ。

毒なのか、薬なのか……最初の頃はお客さんも「どうなるのか？」とワクワクしながら見ていた感じだったが、抗争が1年以上に及ぶと今まで応援してきてくれた人たちが拒絶反応を示すようになってきたのを感じた。

基本的にノアはハッピーエンドだったのに、興行の最後をヒールの鈴木軍が締めるというバッドエンドが多くなったし、ましてや反則裁定はもっと嫌だっただろう。鈴木軍は言うなれば劇薬だったが、プラスにするのも、マイナスにするのも、結局はノア次第だったと思う。結果、何かの形でマイナスになってしまったならば、それはノアが悪かったということだ。

確かに鈴木軍は試合でやりたい放題だったが、彼らは彼らなりにノアのファンを熱くさせてやるというヒールとしてのプライドがあったはず。それをマイナスの方向にお客さんに思わせてしまったのは、結局はノアの選手だと思う。

矢野さんとのコンビでKES攻略に成功

負のイメージを変えるべく、4月の『グローバル・タッグリーグ戦2016』では新日本CHAOSの矢野選手にパートナーを要請した。元々は前年15年の1・4東京ドームに矢野選手の要請で出場したのが鈴木軍との抗争の始まりだ。

13年3月に矢野&飯塚に杉浦さんと持っていたGHCタッグを奪われるという過去

もあったが、それより以前に遡ると、矢野さんは高校のレスリング部の1年上の先輩と仲が良かった。学校は違ったから僕自身は接点がなかったが、先輩が大会の時に矢野さんと話したりしているのを見ていた。先輩たちは矢野さんをヤノマンと呼んでいた。だからプロレスに入ったのは僕の方が先だったけど、矢野さんに対しては〝先輩の人〟という感覚が以前からあったのだ。

矢野さんとのコンビは歯車が噛み合った。僕が引っ張るだけ引っ張り、矢野さんがインサイドワークで攪乱《かくらん》し、最後は僕が仕留めるという流れが自然に出来上がった。「これからも頑張ってください」と、他人事のように試合を僕に丸投げするような発言がお約束の矢野さんだったが、実は矢野さんとのコンビは居心地がよかった。うまくペースを作ってくれるので、試合をしていて息が切れたり、危機を感じたような記憶があまりない。結果、タッグリーグでは難攻不落と言われたＫＥＳを攻略して優勝したし、勢いに乗って5月28日の大阪でもＫＥＳを連破してＧＨＣタッグを４７１日ぶりにノアに奪回した。「ヤノ！マル！フジ！」の決めポーズも様になってきた。

ただＫＥＳはやはり強敵だった。特にアーチャーはベンジャミンと同じく素直に凄い外国人選手だと思った。２メートルを超える自分のサイズをちゃんと理解していた。

今の外国人選手は、やれることは何でもやってしまうし、受けられる技は何でも受けて、綺麗に受け身を取ってしまうが、アーチャーの中には「これだけサイズの差があったら、俺は絶対にこれは受けない。そんなものは必要ない」というしっかりした考えがある。あとは鈴木みのるのコントロールだとは思うが、あれだけデカいのに試合をしていてやりにくさがない。自分の大きいサイズを理解してこだわりを持ちつつ、どんなサイズの相手とでもやれるというのは凄いことだ。

さて、この大阪では、まだフリーの立場ながらノアと共闘の形を取っていた潮﨑が杉浦貴を倒してGHCヘビー級のベルトを4年4ヵ月ぶりに腰に巻いた。この頃になるとファンも潮﨑のノア愛を受け入れるようになった。

6月12日の後楽園での三沢さん追悼興行でベンジャミン相手に初防衛に成功した後、潮﨑はファンに呼び掛けた。

「田上さん、丸藤さん、ノアの選手の皆さん、そしてファンの皆さん、俺をノアの一員として……ノアに入れてください」

潮﨑コールがお客さんの答えだった。僕は何も言わず潮﨑の肩にノアのジャージをかけた。彼はこの日、本当の意味でノアに帰ってきた。

4年ぶりのG1出場でオカダ・カズチカとベストバウト

この16年の夏は勝彦とともに新日本の『G1クライマックス』に出陣した。個人的には4年ぶりのG1だ。

7月18日の札幌での開幕戦では、いきなりIWGPヘビー級チャンピオンのオカダ・カズチカとの初対決に。誰もが注目する開幕戦でオカダ選手に当てたということは、新日本側が丸藤正道に何かを期待してくれているんだろうということを感じた。

自分がファンの時に「この人とこの人が戦ったら、どうなるのか?」とワクワクしたような空気がお客さんからも伝わってきた。

お客さんの期待はマックス……そうした期待以上のものを見せてやろうと思って試合に臨んだ。お客さんをひとつひとつの動きで魅了しなければと思った。

オカダ選手はあのサイズで、あの若さで、あの位置……羨ましいと思えるものをたくさん持っているプロレスラーだった。

華やかに見えて、試合の組み立ては意外と地味。技もそんなに多くは使わない。あのキャリアと若さで技に頼らずにお客さんを魅せられるのはまさにトップレスラーだ。

オカダ選手の技はひとつひとつが的確であり、ひとつひとつがオリジナルに感じられた。長身から繰り出すドロップキックだってオリジナルだ。同じ技を使っている人がいても、オリジナル技にアレンジするというのは僕も常に意識しているところで、そこは共通するものがあるかもしれない。ほとんど予備知識なく試合をしたが、やっていて非常に楽しかった。

勝因はオカダ選手の右腕を集中攻撃してレインメーカーを完封したことか。最後もレインメーカーを虎王で迎撃し、さらに顎を虎王で撃ち抜いて、ポールシフト式エメラルド・フロウジョンを決めた。この試合は2016年度プロレス大賞のベストバウトに選ばれた。08年の近藤選手との世界ジュニア戦以来のベストバウトだ。

この結果を踏まえて10月10日の新日本・両国でオカダ選手のIWGP王座に挑戦する形で再戦が組まれたが、この時は遂にレインメーカーを食らって負けてしまった。

タイトルマッチということで、より彼の責任感が見えた試合だった。気持ちの面でも、技術の面でも、G1の時よりも引き出しを開けてきた。

G1に話を戻すと、オカダ、天山広吉、真壁刀義、SANADA、タマ・トンガに勝ち、棚橋弘至、石井智宏、後藤洋央紀、バッドラック・ファレに負けて5勝4敗で優勝戦に進めなかった。もう一方のブロックでは勝彦も残念ながら勝ち進めなかったが、彼は永田さんに勝ったのが収穫だったはずだ。

中でも印象に残ったのはSANADA君。彼は身体能力が凄いし、どういうふうに化けてくるのか楽しみな選手だ。非常にやりやすかったが、当時はまだ奥の方が見えず「まだ、できんじゃないの？」という段階だった。

石井選手は無骨なスタイルに見えて、非常に器用。実は、ひとつひとつが丁寧な選手だ。何回か食事の席でも一緒になったけど、意外に神経の細やかな人だった。

天山さんは、永田さんや小島さんとかとやっているのと同じ感覚で楽しくなってしまった。コンディションは決して良くないと思ったが、お客さんの声で身体が動いてしまうというプロレスラーの凄さを強く持っている人だった。

真壁選手は細かいことが一切ない。腕の切り返しとだか、足を取ったりという記憶がまったくない。ひとつひとつが非常に力強い選手という印象だ。

後藤選手は多分、不器用な部類に入ると思うんだけど、独特の空気感を持っている選手。ただしロープワークは完全に僕をパクっている（笑）。

外国人では、ファレはコントロールがまったくできない規格外の選手で、タマは身体能力が高くて試合中にひとつひとつの動きに驚かされた。

忘れてはいけないのはまたも負けてしまった棚橋選手だ。相変わらず太陽みたいな男だった。あそこまでいい意味でクサい表現力が似合う人もなかなかいない。レスラーから見ても、素直にかっこいいと思う。

G1に出た時は地方で毎回、矢野さんと飲みに行っていた。その後の新日本の台湾遠征に参加した時、どうしても小籠包が食べたくて「興行が全部終わるのを待っていたら、店が閉まっちゃうんですよ」と話をしていたら、僕の試合が終わると一緒に抜けて食べに行ってくれたりとか、矢野さんはプライベートでも居心地のいい人だった。

ノアが新日本の子会社に⁉　根も葉もない噂が独り歩き

鈴木軍との抗争がエンドレスのように続き、G1に僕と勝彦が出場したことも影響したのかもしれないが、「ノアはもはや新日本プロレスのファーム団体になった」などという声も聞くようになった。

［第六章］
混沌
ヘビー級への復帰、軍団抗争、選手離脱、鈴木軍との闘い、16年11月に新会社へ

そういうふうに思わせてしまったのは、こちら側が悪いのだが、新日本のファームにも、子会社にもなったわけでもない。噂や、ちょっとした小話がSNSとかで一気に広まってしまう今の時代は便利なようで不便だなと感じたものだ。いらない憶測まで頭の中に刷り込まれて、それがプロレスの魅力を半減させてしまっていると凄く感じた。

僕たちがプロレスを見ていた頃は、会社の内部事情とか、そんなことなんてまるで気にしないで楽しんでいたと思う。ただ純粋にプロレスラーがかっこいい、プロレスラーって凄い、試合が面白いというだけだった。世間ではフェイクニュースという言葉が話題になったが、正しい話より嘘の話の方が面白かったりするし、それをあたかも本当かのように広める仕事をやっている人もいる。誰かがポロッと言ったことが何万人にも広がるのが今の世の中だ。

「ノアは新日本の子会社になっちゃったし」

あの頃、地方の食事会に参加した時に「なっちゃったの？」という疑問形ではなく「なっちゃったし」と話しかけてきた人もいた。根も葉もない噂が独り歩きしていたのである。

ノアを残すためにプロレス事業を譲渡

２０１６年は下半期に入ってリング上もリング外も目まぐるしい展開を見せた。

まずリング上では5月に潮﨑が奪回したＧＨＣヘビーのベルトが再び杉浦に戻り、10月に勝彦が奪い返した。

すると11月の『グローバル・リーグ戦２０１６』で優勝した鈴木みのるが「俺たちが持っているものをすべて賭けてやろう。中嶋、すべてを背負って出てこい」と勝彦にノアと鈴木軍の最終決着戦を迫った。その時点でＧＨＣタッグは僕と矢野さんから再びＫＥＳの手に渡っていた。

ＧＨＣジュニアは石森から裏切り者の金丸義信に渡ったが、小峠が奪回。ＧＨＣジュニア・タッグは小峠&原田から新日本の邪道&外道に移っていた。辛うじてヘビーもジュニアもシングルのベルトはノアに戻っている状態だった。

リング上が慌ただしければ、会社も急展開を迎えていた。

『グローバル・リーグ戦２０１６』が開幕する直前の11月1日、株式会社プロレスリング・ノアは、その事業を元全日本プロレス社長の内田雅之氏が執行役員を務める株式会社エストビーに譲渡することを発表した。そしてエストビーは11月7日に社名をノア・グローバルエンタテインメント株式会社に変更した。

運営会社が変わったということで、あの時は「ノアが買収された」と大事《おおごと》のように書かれた記憶があるが、僕的にはより良い方向にノアというものを残すために協力する人たちが出てきてくれたという感覚だった。

何が変わったかと言えば、レスラーがよりプロレスに集中できる環境を作り上げてくれる人たちが現れたということ。何が一番大切か、どのイメージを一番残さなければいけないのかを考えれば、三沢光晴という名前も、ノアという名前も捨てたわけでもないし、僕から言わせてもらえれば、**そこに丸藤正道がいればノアだと思っている**。

話が具体化したのは10月だったと思うけど、もし今の会社に移行していなければ、ノアというものはなくなる可能性もあった。

そうなった時に全員がプロレスで生き残っていけるわけではないだろう。その意味でも動いてくれた人たちに僕は感謝している。

実際の経営状況というのは、僕自身ははっきりとは把握していなかった。というのも、副社長からはこの年の1月の時点で外れていたからだ。会社側から「リングの上に専念してほしい」と言われて、それを断る理由はなかった。名前ばかりの役員で残るのがいいのか、リング上に専念することが正しいのかと考えた時に、答えは後者だと判断した。だから会社が移行するということで降りたわけではない。

会社は新体制になったが、肝心のリング上が生まれ変わらなければ何の意味もない。12月2日の後楽園ホールで小峠はタイチ相手にGHCジュニアをきっちりと防衛し、勝彦は40分近い死闘の末に鈴木みのるを倒してGHCヘビーを死守した。

負けた鈴木みのるに杉浦貴が三下り半を叩きつけて、翌3日のディファ有明では杉浦vs鈴木とノアvs鈴木軍の最終決着戦が組まれた。

ノアvs鈴木軍は拳王と大原のケンオーハラがTAKA&デスペ組、小峠&原田の桃の青春タッグが金丸&タイチ組、北宮が飯塚に勝ち、潮﨑と谷口がKESからGHCタッグを奪回してノアの全勝となった。

そしてメインの杉浦vs鈴木は殺伐とした戦いの末に杉浦が鬼のエルボーの連打からオリンピック予選スラムで決着。結果的に鈴木みのるをノアから排除したのは、裏切って鈴木軍に寝返ったはずの杉浦貴だった。

「俺はこのリングで戦っていく。俺はノアで戦っていく、ずーっと！　ただ！　ノアの連中、全員まとめて相手してやるよ、わかったか！　ノア！」

杉浦貴は鈴木軍排除のハッピームードの中で危機感を募らせていた。そこには彼なりの厳しいノア愛が感じられた。

鈴木軍との2年の戦いを振り返ると悲しいかな、会社同士の戦いではなく、一軍団と会社の戦いになっていたような気がする。それだけノアの力が弱まっていた証拠だ。あとで記者の人に聞いたら、杉浦貴に負けてかっこ悪く這いつくばって花道を下がる鈴木みのるにノアのファンから拍手が送られていたという。鈴木軍はノアにとって劇薬だったけれども、鈴木みのるの存在の大きさをファンもしっかり理解した上で見てくれていたんだと思う。彼は本当にひとつの国のボスみたいだった。あの2年間、もどかしいのは僕らではなくて鈴木みのるだったかもしれない。

「俺がこんだけやってんのに、何でお前らはもっとこうやってこねぇんだよ」という気持ちがあったのかもしれない。それを傍で見ていたから、杉浦貴は鈴木軍が撤退した後も危機感を募らせてノアの反対側に立ったのかもしれない。

今の鈴木みのるは遠くから見ているだけだけど、相変わらず名プロデューサーみたいな感じだ。結局、人のことを考えるのが好きなんだろう。

こうして鈴木軍との戦いが終わり、2016年最終興行のクリスマスイブの後楽園ホールでは勝彦が北宮相手にGHCヘビーを防衛するという新しい風景が生まれた。

まだ外部に流出していたGHCジュニア・タッグは小峠&原田が邪道&外道から奪回して、すべてのベルトがノアに戻った。

そんな中、僕は杉浦貴と一騎打ちで激突した。鈴木軍を離れた彼は反則なしの真っ向勝負を仕掛けてきた。そこに本心が見えた。最後、虎王をエルボーで迎撃され、ランニング・ニーを連打され、オリンピック予選スラムでやられてしまったが、新たなノアに賭ける気持ちが伝わってきたから、とりあえず良しとした。

「ノアを良くしたいとか、面白くしたいとか言ってる奴らもいるみたいだけど、てっぺん目指さなきゃ意味ねぇんだよ。レスラーはベルト目指していくんだよ。そうすりゃあ、自然に面白くなるんだよ」と、杉浦貴は新生ノアに警鐘を鳴らした。

[第七章]

希望

新生NOAHの躍動と デビュー20周年大会への想い

若い選手たちが自己主張を始める!

「このリングを再び青より光り輝くエメラルド・グリーンにしよう!」

新体制になったプロレスリング・ノアは2017年のスローガンとして『ノア・ザ・リボーン』を掲げた、

リボーン……生まれ変わる、再生すると打ち出したからには、鈴木軍がいなくなったというのをいいきっかけにしなければならない。良くするのも、悪くするのも選手次第。気が付けば僕や杉浦さんはキャリアが上の方の選手になってしまって、生まれ変わるという点では、やはり若い選手がドンドン出て来られるような現場にしなければならなかった。

そうした中で杉浦さんは「また俺に時代を戻してやる」と、あえて一匹狼になって、若きGHCヘビー級チャンピオンの中嶋勝彦の壁として立ち塞がった。

「時代を戻すという言葉を吐いた杉浦貴は、過去にしがみついているのかわからないけど、今の新しい力の凄さをリング上で見せつけたいと思う。短い期間で立場が逆になっている。時代は変わっている。それを続けて新たな光で照らし続けていきたい。ノアの頂点として、みんなを引っ張っていけるチャンピオンであることを新年1発目から見せていきたい」

杉浦さんに対して勝彦は受けて立つ構えを見せて、17年のオープニングの1月7日の後楽園ホールは勝彦と杉浦さんのGHCがメインになり、勝彦が杉浦さんの厳しい攻撃を必死に凌いでバーティカル・スパイクでベルトを防衛した。

勝彦以外にも拳王が大原とのケンオーハラを解散して「俺がノアの顔になる！」とヘビー転向を宣言。GHCジュニアのシングル&タッグの2冠王になった小峠もヘビー転向によって2つのベルトを返上し、原田との桃の青春タッグも解散した。

拳王は北宮と組んで潮崎&谷口組からGHCタッグを奪取し、拳王に一方的にチーム解散を宣言された大原は、空位になっていたGHCジュニアのベルトを戴冠した。

ヘビー級でなかなか結果が出せない小峠は潮崎と合体し、小峠がヘビーに転向したことでパートナーを失った原田は、独自の大阪人脈でHAYATA、YO―HEY、タダスケを呼びこんで、それがやがてRATEL'Sというジュニアの一大勢力になっていく。

若手の清宮海斗は「強くなりたい！」と杉浦さんに付き、さらに上に行きたい欲を剥《む》き出しにした拳王も北宮を裏切って杉浦さんに合流した。

裏切られた北宮はその後、ＤＩＡＭＯＮＤ　ＲＩＮＧの先輩でもある勝彦と前年春から結成した「ジ・アグレッション」として改めて活動していく道を選択する。

そうした目まぐるしい動きの中で、僕はみんながやらない部分として、プロレスファンとしていつも会場に来てくれて、プライベートでも親交があるお笑いタレントの山田邦子さんとのコラボ興行を1月24日に後楽園ホールで開催した。

大会名は『新春やまだかつてないＮＯＡＨ』。

かつてフジテレビで人気を博したバラエティー番組『邦ちゃんのやまだかつてないテレビ』にあやかったもので、邦子軍ｖｓ丸藤軍の対抗戦というコンセプトで、明るく楽しい大会を企画した。

それまでの2年間、ノアのリングは常に殺伐としていただけに、ファンの人たちへの新春プレゼント。邦子さんが熱唱したり、小峠が当時爆発的人気だったピコ太郎の『ＰＰＡＰ』を完コピしたり、楽しめる空間を作ったつもりだ。

もちろん試合はしっかりやらなければいけないけど、見たことがない人にプロレスというもの、ノアというものを知ってもらうためには、たまにはこうした催しも必要だと思う。選手たちの意外な一面が見られるのも、こうした大会の醍醐味だ。

17年初のビッグマッチで初めて武藤敬司に触れる

体制が変わって生まれ変わろうとするノアの17年最初のビッグマッチは3月12日の横浜文化体育館。ここでは武藤敬司さんとタッグを組んだ。

今まで様々な団体の選手と絡んできたが、武藤さんとは一度も絡んだことがなかった。自分よりキャリアが上の選手が少なくなってきた中で貴重な存在だった。

対戦相手はインパクト・レスリングのムースとＫＡＺＭＡ　ＳＡＫＡＭＯＴＯの大型コンビだったが、ハッキリ言って対戦相手は関係なかった、横に立っていたとしても、本当の意味で戦う相手は武藤さんなのだ。

武藤さんはオーラがあって、プロレスラーが憧れるプロレスラー。立っているだけでプロレスラーという存在だ。ＫＡＺＭＡにシャイニング・ウィザードと虎王のサンドイッチ攻撃を決め、最後は不知火で僕がフォールを取らせてもらったが、やはり武藤さんのオーラは半端ではなかった。

「当初の予定では20％俺が働くと言ったけど、15％しか働いてねぇよな」と武藤さんは笑っていたけど、初代タイガーマスクの佐山さんと一緒で、1割しか動かなくても試合のすべてを持っていってしまう人だ。

一緒に試合をしてみて感じたのは、生まれ持っての天才。そしてあまりにも頑固なプロレスラー。今の時代のプロレスラーには受け入れられないだろうが、あの世代、あの時代を生きてきた人だから許される頑固さを持っている。そういうプロレスが許される最後の世代だろうと思った。

谷口覚醒のためにマケオワを結成

ノアの新しい流れの中でマイバッハ谷口と組むことにした。若い人間が動いて風景が変わっていく中で、ポテンシャルがあるのに一人だけデクの坊みたいだったからだ。

彼はレスリングで凄い実績を持っている人間。そういうものをプロレスのリングで表現できたら最強になれるぐらい強いんじゃないかと以前から思っていた。身体も僕なんかよりも全然デカいし、ずっともどかしかった。

多分、本人ももどかしかったと思うけど、自己プロデュース力は正直ないと思うし、性格的に試合前に吐きそうになるほど緊張してしまうタイプだから、リングに上がったら別人にさせるしかなかった。

ＫＥＮＴＡは「お前は変われる」とマスクを被らせて別人格を作った、谷口は動きの硬い人間だから、その硬さを鉄仮面という表現につなげられたのもよかったと思う。ところが鈴木軍との抗争の中で素顔になったら、普通に谷口周平に戻っちゃって、何もなくなってしまった。そこでもう1回リメイクしてみようと思ったのだ。

カラーコンタクトを入れさせて、髪型も変え、入場時にはハーフマスクを被らせて見た目を変えつつ、本人の意識も変えて「俺を武器に使ってでもいいから暴れろ！」と覚醒させてみたわけだ。すると見事に谷口は弾けた。

4月14日の後楽園ホールで杉浦＆拳王組からGHCタッグのベルトを奪取し、チーム名を人気バンドのＳＥＫＡＩ　ＮＯ　ＯＷＡＲＩにあやかった「ＭＡＫＥＴＡＲＡ　ＯＷＡＲＩ」にして『グローバル・タッグリーグ戦２０１７』に臨んだ。

負けたら終わり……つまり全勝優勝宣言だ。それぐらいの危機感、生まれ変わるラストチャンスだという意識を谷口に持ってもらいたかった。

開幕戦でいきなりジ・アグレッション相手につまずいてしまったが、最後は優勝決定戦で潮崎&小峠組に勝ってGHCタッグ王者として優勝することができた。

GHCタッグ王座はリーグ公式戦で負けたコーディ・ホール&ランディ・レイン組、ジ・アグレッション相手に防衛したが、8月26日の後楽園ホールで潮崎&小峠組に奪われた。その後、GHCタッグはヨネ&クワイエット・ストームの50ファンキーパワーズに移動し、このチームに12月22日の後楽園ホールで挑戦したが、乱戦の中で虎王を誤爆すると、谷口が裏切るというまさかの行動に出た。

虎王の誤爆はあくまでも理由付けで、最初から裏切る気だったのだろう。谷口は花道から駆け寄ってきた長井満也と合体をアピールした。マケオワはこうして終わった。

彼のことを考えれば、自分で考える時期をもう1回作ってみるのもありだとは思ったが、今の谷口を見ていると微妙だ。さらにKAZMA、コーディと合体して4人組の暴走ユニットのフーリガンズを結成したが、そこでマイバッハ谷口として何を打ち出していくのか。

まあ、人から「何がしたいんだ?」と言われても気にせずにしょっちゅう、ころころとキャラを変えてしまうというのもひとつの手だとは思う。谷口、どうする？

DDTのリングでハラシマルフジ結成

ノアで谷口とマケオワをやっている時、他団体のリングでは違うパートナーがいた。HARASHIMA選手からオファーを受けて、DDTの8月20日の両国国技館に「ハラシマルフジ」なるタッグチームで出場し、入江茂弘&樋口和貞組からCMLL認定KO―Dタッグ王座を奪取した。

DDTはエンターテインメント色の強い、文科系プロレスと呼ばれる団体だが、ノアとの縁は深い。05年5月7日開催されたジュニア・タッグの祭典『第2回ディファカップ』でKENTAと組んでKUDO&飯伏組と対戦しているし、06年には三沢さんを会長に日本のプロレス団体の統一コミッション設立を目的に設立された『GPWA』（グローバル・レスリング連盟）にDDTも参加した。

その流れで07年のエープリルフールにはサプライズとしてDDTに初めて上がって、あの男色ディーノとタッグを組んだ。この時、僕のセコンドに付いていた谷口はディィーノ選手にしっかりと唇を奪われた（笑）。

その後も飯伏選手とノアのリングでタッグを組んだり、ＤＤＴではケニー・オメガとシングルをやったりしている。

ＤＤＴは高木三四郎社長を始め、個々の個性を伸ばすのが上手な団体だと思うし、組織が大きくなっている中で、絆というのがしっかりしているという印象があった。

プロレスのやり方とか楽しみ方っていうのは賛否両論あるけれども、僕自身は自由なものだと思うから、そういった意味では独自の世界観、価値観で突き進んでいるＤＤＴに久々に出場するのは楽しみでもあった。

陽のキャラクターのＨＡＲＡＳＨＩＭＡ選手とは、ＫＥＮＴＡと組んでいた時と同様に作戦会議はほとんどしないで閃きで試合をしていた。

両国では入江選手に僕が不知火を決め、すかさずＨＡＲＡＳＨＩＭＡ選手が蒼魔刀を決めてベルトを奪取したし、その他にも僕のトラースキックとＨＡＲＡＳＩＭＡ選手のサンドイッチなど、試合の流れの中で自然に合体殺法が生まれた。

ＤＤＴではいい経験をさせてもらった。高木＆ディーノ組との初防衛戦は宮地鉄工所というところでの工場プロレス。石灰、炭酸ガスを浴び、自転車に轢かれるという普段のプロレスではあり得ない攻撃を受け、そのお返しに道路標識を使った虎王、フォークリフトを足場にした不知火を使ってベルトを守った。

DDTの選手はそれぞれに個性があって面白かった。大先輩の坂口征二さんの長男の坂口征夫選手は独特のムードを持っていたし、竹下幸之介選手と遠藤哲哉選手はノアに欲しいぐらい有望な若手選手だった。

今年の3月25日のDDT両国大会で関本大介&樋口の関口組にベルトを奪われてしまったが、半年以上ベルトを持ち、5回防衛できたのだから満足度は高い。

DDTに上がったことで、ノアの試合を見てみようと思ってくれたDDTファンもいてくれたと思うし、DDTの会場に足を運ぶようになったノア・ファンもいると思う。団体に関係なく、ファンの人たちがプロレスというものを楽しんでくれるのであれば、それ以上のものはない。

9年ぶりに全日本参戦、そして春の祭典で感じたこと

他団体について書けば、去年の8月から今年の3月までKO-Dタッグ王者として

ＤＤＴのリングに上がり、４月には古巣の全日本プロレスのリングに世界ジュニア・ヘビー級チャンピオンになって以来９年ぶりに上がった。

今年は自分にとってプロレス人生20年という節目だけど、この20年は自分ひとりで成り立ってきたものではない。いろいろなことがあって、いろいろな人がいて、今の僕があると思っている。

現在の全日本の社長は12年暮れにノアを出て行った秋山さん。そこには個人的にも、会社的にもいろいろあった。だから、去年だったら断っていたかもしれないが、節目の今年にオファーをもらったからこそ実現できたような気もする。

「チャンピオン・カーニバルに出てほしいんだけど、どうかな?」

秋山さんが僕に直接連絡をくれたことが決め手だった。

誰とは言わないが「よく出るね」と、ある選手に言われたりもしたけど、僕自身のタイミングと秋山さんから話をもらったタイミングが合ったということだ。

「過去の経緯を知っている人間、知らない人間がいると思いますけど、自分なりにいろいろな思いと、考えを持って、このリングに上がりたいと思います。この面子の中で確かに大きくて強い人間はたくさんいますけど、俺の目には秋山準しか映っていません。必ず優勝します。その中でも秋山さんに勝たないと意味がないと思っています」

公開記者会見でそう宣言した。

僕のノアの選手としての矜持《きょうじ》は、ノアの試合を休まずに過酷なリーグ戦と呼ばれる『２０１８チャンピオン・カーニバル』を戦い抜いて優勝することだった。

４月９日のノアの横浜ラジアントホールの試合に出て、翌10日に長岡に行ってヨシタツ戦でカーニバル初戦。11日には帰京してノアの後楽園ホール、12日には豊岡でディラン・ジェイムス戦、14日と15日は北海道に飛んでノアの札幌２連戦。18日は松山で吉江豊戦、20日と21日は大阪２連戦で、初日はゼウス戦、２日目は諏訪魔戦、22日は名古屋でＫＡＩ戦、25日は後楽園ホールで待望の秋山戦、26日は試合はしなかったが、東京・新木場の川田利明プロデュース興行で川田さんとトークバトル、28日はノアの川口大会、29日はノアの新潟大会、そして30日に後楽園ホールで優勝決定戦という強行スケジュールだった。

巡業では全日本の移動バスには１回も乗らなかった。新幹線と飛行機を使って、あえて全日本の選手たちとは距離を置いて行動していた。

「ここはバスで……」と言われてもタクシーを使ったりしていたし、控室も「部屋がなければ廊下でもいいんで」と絶対に別にしてもらっていた。

リーグ戦は大阪2連戦でゼウス選手、そして諏訪魔選手に連敗してしまったが、他は全勝した。

ゼウス選手とはこれが初対決。

凄い身体をしている反面、パワーファイターにありがちな雑なファイトをするんだろうというイメージを持っていたけど、意外にも綺麗な試合をする選手だった。そしてプロレスが好きなんだなということも伝わってきた。

諏訪魔選手とも初対決。

G1で戦ったオカダ選手同様に、あのサイズ感とか、やっぱり羨ましいものをいっぱい持っている人間だ。

ヘビーというのは身体がデカい人たちのステージだということはわかっているけど、ああいう人たちと試合するとジェラシーばかりが生まれてしまう。技術的なものに関しては、やったことに対して、しっかり反応してくる人だったから、もっとやり込んだ試合ができたんじゃないかなと思う。諏訪魔選手からは、全日本のリングを守ろうという気持ちが凄く伝わってきた。

そして最終公式戦の相手は秋山さんだ。

この試合に勝てば優勝決定戦に進出というシチュエーションだった。先に入場して、秋山さんの入場曲が鳴った時には感慨深かったし、試合をしながら懐かしさを感じてしまった。手厳しいファイトも含めてすべてが懐かしかった。秋山さんとの試合というものを身体が覚えていたのだろう。

「そんなに出る？」と言いたいくらいの大・秋山コールの中で試合をして、もやもやしていた部分が吹き飛んだし、自分の中で勝手にいろいろなことを解決できたから、やっぱりカーニバルに参加して、秋山さんとシングルがやれてよかった。

12年12月23日のディファ有明でノアを去る秋山さんに負けて「勝ち逃げはさせない」と宣言してから5年4ヵ月……ノアのリングではなく、全日本のリングになってしまったが、ずっと抱えていた宿題をクリアできてよかった。そこにまだまだ枯れていない強くて怖い秋山準がいてくれて本当によかった。

そして最後は三冠ヘビー級王者の宮原健斗にポールシフト式エメラルド・フロージョンで勝って優勝した。あの『チャンピオン・カーニバル』で優勝できたのはとても感慨深い。

その後、5月24日の後楽園ホールで彼が持つ三冠に挑戦したが、これはシャットダウン・スープレックスを食って負けてしまった。

健斗……いや、宮原選手はかつてノアに上がっていた人間で、第4章でも書いた通り、当時から僕や杉浦さんの評価は高かったが、あの頃の面影がないぐらい成長していた。プロレスを楽しむという部分が全日本のトップになって爆発していたし、自己プロデュース的な部分もしっかりしていて宮原健斗のキャラクターを確立していた。

彼のプロレスは非常に柔軟性がある、型にはまっているようで、はまっていない。自分のスタイル、表現方法という基盤がしっかりしているにもかかわらず、形が違う箱があれば、しっかりその形にフィットできるという感じだ。

彼のスタイルは相手を受け切れるものを持っている。見た目は全然違うけど、小橋さん的な、やられて、やられて、やられて、でも逆転して勝つ逆転ファイターだ。

過去の経緯から全日本に上がることについて賛否両論があったし、三冠挑戦についてもその5日後の5月29日にGHCヘビーへの挑戦が決まっていたから疑問視する声が上がったが、1人でも2人でも多くの人にプロレスリング・ノア丸藤正道を知ってもらって見に来てもらわなければいけないのだから間違っていたとは思わない。

杉浦さんとのGHCで時代に立ちはだかる

『２０１８チャンピオン・カーニバル』優勝、全日本の三冠ヘビー級王座とノアのＧＨＣヘビー級王座を巻いて９月１日の両国国技館での20周年記念興行のリングに立つ。それができたら、こんなに凄いことはなかったが、残念ながら三冠のベルトを獲ることはできなかった。でも気持ちは次の瞬間にＧＨＣに集中した。

ノアの象徴ＧＨＣヘビー級王者は目まぐるしく変わった。

ＧＨＣヘビー級王者として時計の針を戻すことなく、自分たちの世代で新しいノアを引っ張っていくと先頭に立って頑張っていた中嶋勝彦は、17年夏にエディ・エドワーズに敗れて10ヵ月で陥落してしまった。そのエドワーズを年末の12月22日の後楽園ホールで追い落としたのは『グローバル・リーグ戦２０１７』に優勝した拳王。

「三沢さんに関わりもない奴がベルトを獲った。それがどういう意味かわかるか？わからない奴には教えてやる。プロレスリング・ノアの新しい時代の始まりだ。てめぇらクソ野郎どもを武道館に連れて行ってやるからな！」

そう宣言した拳王は、半年のアメリカ修行から帰国した清宮海斗の挑戦アピールに応じて1月6日の18年のオープニングとなる後楽園ホールで初防衛戦を行った。

超満員の中で行われた拳王vs海斗のGHC戦はまさにノアの新しい風景だった。

さらに2月2日の後楽園ホールでは666所属の宮本裕向の挑戦を退けるなど、拳王は今までのノアにはない空気を持ち込んだ。

そこに立ちはだかったのが杉浦貴だ。

2度目の防衛に成功した拳王が「もうノア＝丸藤、杉浦の時代は終わった。だろ？」とお客さんに問いかけると、すかさず杉浦さんがエプロンに駆け上がった。

「時代は終わった？　悪いけど。言わせてもらうぞ。俺は今年48になるけどな、まだ時代を築いてねぇんだよ。そのベルト、挑戦表明だ、わかったか！」

「てめぇは時代を築けてないかもしれない。それでいいよ。俺がこれから時代を築いていく。てめぇじゃ武道館は無理だ！　てめぇらクソ野郎ども、武道館に連れてってやるからな。これからはな、プロレスリング・ノアの拳王、俺に付いてこい！」

こうしたやり取りが合って、3月11日の横浜文化体育館でのタイトルマッチが決まった。杉浦さんは前年17年6月から10月まで心房細動治療の手術によって欠場していたが、復帰すると同時に最前線に立った。

この日も鋭い打撃に耐え抜き、最後はハイキックをエルボーで迎撃し、オリンピック予選スラムで叩きつけ、フロント・ネックロックで絞め上げて史上最多の4度目のGHCヘビー戴冠をやってのけた。杉浦さんには、ここ一番の強さがあるのだ。

そして全日本で『2018チャンピオン・カーニバル』優勝決定戦をやる前日の4月29日、新潟市体育館で小峠の挑戦をしっかり退けて初防衛に成功した杉浦さんに僕はこう迫った。

「単刀直入に言う。杉浦、次、この俺にそのベルトやらせろ」

この言葉を吐いた以上は絶対に優勝するしかなくなったわけだが、一プロレスラーとしての素直な欲望を口にしたに過ぎない。

「どこぞの団体の何ちゃらカーニバルで忙しいんじゃないの？　疲れてない？　大丈夫？　じゃあ、俺たちで誰にもできないGHC戦をやろう」

杉浦さんはその場で快諾してくれた。

決戦は5月29日の後楽園ホール。カーニバルには優勝したものの、GHCのタイトルマッチ4日前に三冠獲りに失敗してしまったことは杉浦さん、ノアのファンには申し訳なかったけど、最高の空間を作るつもりでリングに上がった。

16年にやったGHCは彼が鈴木軍だったたし、過去何回かの試合は結構似たり寄ったりだったような気がする。

でも、この試合は今まで杉浦貴という人間とやってきたシングルマッチの中で、一番いろいろなものが出し合えたんじゃないかと思う。それは技云々という意味ではなく、同じ時代を生きてきた2人しか出せない空気と表現したらいいのだろうか。

「あの技が凄い」とか「あの動きが凄い」とか、もうそこで勝負するのではなく、若い人間たちではまだ表現できないものを見せたかった。

たとえば、僕らが三沢さんとか、小橋さんとか、ああいう人間に感じていた、思わず見入ってしまうようなものを見せたかった。

結果的には負けてしまったけど、過去やった杉浦さんとの試合の中では一番好きだ。杉浦さんは僕の気持ちを理解してくれていた。

「過去とか未来とか、いろいろ意見があるだろうけど、俺は今日、丸藤とみんなの前で、後楽園で試合ができたことを誇りに思う。ノアがいい時も悪い時も、俺と丸藤はここで戦ってきた戦友だ。丸藤、ありがとう！」

世代闘争が勃発！　新世代に思うことは

杉浦さんと僕のGHC戦はノアに新たな流れをもたらすことになった。

「てめぇらがノアの顔としてずっとこのプロレスリング・ノアを引っ張っていっても発展しないだろ？　さらなる高みは見えないだろ？　これからは俺がノアの顔として一時代を築いていってやる！」

拳王がリターンマッチを迫れば「新しい時代を作るのは俺なんだよ！」と海斗もリングに飛び込んできて挑戦を迫った。さらにGHCタッグ王者の勝彦と北宮のジ・アグレッションまでリングサイドに姿を現した。

6月10日の後楽園の三沢さんのメモリアルナイトで拳王と海斗が次期挑戦者決定戦をやることになったが、否応なしに方舟世代闘争の流れが生まれた。挑戦者決定戦は拳王が勝ったが、敗れた海斗を含めて若い世代が結託したのだ。

三沢さんのメモリアルナイトのメインの杉浦＆丸藤ｖｓ勝彦＆潮﨑。4人全員が生前の三沢さんと関わったレスラーということで、世代闘争として組んだカードではなかったが、勝彦が杉浦さんをバーティカル・スパイクで押さえると、リング上は上位世代と新世代とに完全に分かれた。

この本を執筆中の時点で上位世代は杉浦、丸藤、齋藤、ヨネ、ストーム、ZERO1の田中将斗、新世代は潮﨑、勝彦、北宮、拳王、小峠、海斗。7月28日の後楽園では僕と齋藤さんのコンビがジ・アグレッションからGHCタッグ王座を奪取している。

若い人間が時代を築こうと本気で思っているなら、自分たちは意地を張って阻止する。そこを簡単に譲ってしまったら、ファンの人たちに譲ったと見られたら、その時点で世代闘争、世代交代というテーマは終わってしまうからだ。

僕と杉浦さんはノアのいろいろな状況の中で先輩たちがいなくなり、スライド方式みたいな形で上のポジションになって、はっきりとした形での世代交代ができなかったから、そういう思いを持っている。

だから、このノアというものを残すために僕たちの世代はまだまだ厳しく、頑固にやっていかなきゃいけないかなと思っている。

試合そのものは、もしかしたらすぐにでも超えられてしまうかもしれない。でもイメージ的な部分だったり、空気感とかで超えるのは容易ではない。

僕や杉浦さんは三沢光晴という人間、さらに小橋さん、田上さん、秋山さんといったレスラーたちと一緒に過ごして、戦って……直接超えることはできなかったけれども、この団体を自分たちが守ってきたという自負があるし、なかなか重い歴史を背負っているから、それを彼らが超えることは非常に難しいと思う。

だから何か違う形でもいい。我々から奪い取るだけではなくて、自分たちで新しいものを見つけ出してほしいと思う。

プロレスは技術だけでなく、そこに人間性とかいろいろなものが出るから面白いわけで、その意味では人としても成長しないと駄目だろう。

いずれ僕も杉浦さんもリングを降りる時が来る。それは10年以内だと思う。早ければ5年以内かもしれない。意外と時間はないから、試合だけでなく、今やれること以上のものをやっていかないといけない、本当に。

20周年大会を両国にした理由

9月1日、20周年記念大会を両国国技館にしたのは、やはりやるからには個人的にもノアという会社的にも大きな箱でやりたいというのがあった。

今回、両国を押さえるにあたっては、僕が付き人をやっている頃からずっと三沢さんと仲が良かった元小結の大善関（現在は富士ヶ根親方）が尽力してくれた。

大きい会場でたくさんの人に見てもらって、そこで最大限の、もしかしたら本来の力以上のパフォーマンスができるかもしれないという経験をしたいと思うのはプロレスラーとして当然。それを今の若い選手にも経験させてやりたいというのがあった。

僕の場合は全日本プロレスでデビューして、わずか2ヵ月で日本武道館に上がらせてもらった。

翌99年には日本武道館5回、東京ドームを1回経験し、ノアになってからも05年には日本武道館で5回、東京ドーム1回の興行が開催された。

日本武道館の控室にいることが当たり前だった時期を経験させてもらっているからこそ、今の若い選手たちにもたくさんの人に見てもらえる場でプロレスを頑張って、自分たちを表現するということを経験してほしい。

先程の世代闘争の話ではないが、若い選手たちは凄くいい試合をするし、いいものを持っている。

それをさらに発揮できる大きな舞台を経験していけば、オーラ、雰囲気、大きな会場での立ち居振る舞い、舞台度胸などが身に付くと思う。

僕の場合は大きい会場では空間をフルに使って表現していた。縦、横、斜め……何ならエプロン、場外、フェンスも全部。使えるものは何でも使って、伝わりやすいプロレスをするように心掛けていた。そういう感覚を養うのも大事なことだ。

100人、200人の小さい会場が悪いというわけではないが、何万人、何千人の目の前で、その全員に自分を見せることができれば、いつもの会場だったら簡単なことだ。

大会名『飛翔』は、さらに上を目指して羽ばたいていくために命名したと書いたが、それは自分だけではなく、若い選手を含めたノア全体を指している。

エピローグ ～僕が会社を設立した理由

自分自身の未来については、来年40歳になるだけに引き際がいつになるのだろうかと考えることもある。アルバイトをしたこともない人間が18歳でプロレス界に入って20年やってきて、世間知らずと言えば世間知らずだし、他のことを知らないと言えば知らない。

そんな僕がプロレス以外のビジネスとして2014年8月11日に『株式会社キュリオシフト』を設立した。これは先々のことを考えてというより、自分がやりたいものを何か仕事につなげられないかということで立ち上げたもので、いわば好奇心から生まれたものだ。ちなみに会社名のキュリオシフトは「キュリオシティ（好奇心）」と「シフト（変化）」を組み合わせた造語。好奇心を持ち、常に高みを目指して変動、変化し続けたいという思いが込められている。

その当時のノアの中でプロレス以外のやりたいことをやって、会社に余計な負担をかけたくないというのも会社設立のひとつの理由だ。自分の責任で、自分のやりたいことをやる……「自由と信念」のノアのスローガンと同じだが、それなら自分で会社を作って、自分の責任でやろうと思ったのだ。

あとは他のレスラーが会社を作るとか、何か仕事をするという時のひとつのモデルケースとして作り上げておきたかったというのもある、

会社を作ろうとする時、登記から何からお金さえ払えば全部やってもらえるが、モデルケースという意識があったから全部自分でやった。もちろんお金の問題もあったけど、ちゃんと知識を身に付けたかったから全部自分で調べて、何回も法務局に足を運んだ。時間は掛かってしまったが、自分でやることができたという達成感があった。

不知火カレーの開発・販売を手掛けたのを手始めに、今年の5月には東京・中目黒に高タンパク&低糖質の料理を売りにした『マッスル・グリル東京』をオープンした。9月には五反田エリアに移転するなど、いろいろな展開を考えている。

あとはデザインするのが大好きだから、プロレスをやりつつもシルバーアクセサリーやTシャツのデザインをやり、商品化して販売している。

アクセサリーを作るノウハウがない中で、たとえばメキシカンスカル&不死鳥のヘアゴム用のアクセサリーにしてもデザイナーと相談しながら、これを作るにはどうい

う人に連絡して、どういう手順を踏んで、どういうふうに商品化するのかというのをひとつひとつ勉強してようやく世に出たものだ。プロレスだけに邁進《まいしん》していくというのは美学だとは思うが、いろいろな経験を積んでおいた方が、自分のため、家族のため、そしてプロレス界に迷惑をかけないためにいいのではないかと思う。

やりたいことをやるために始めた会社だけども、プロレスラーの引退後の第2の人生はゼロどころかマイナスからのスタートになってしまうことが多い中で、他のいろいろな業種の人たちと関わりが持てたり、知り合いになるのは結果的にセカンドキャリアにつながっているように感じる。だから、やれることはやれる時にやっておいた方が絶対にいい。

僕が思い描く方舟の継承とは

プロレスラーになって20年、気付けば人生の半分以上をプロレス界で過ごしている。本当に怪我が多い何年間かを過ごしてきたし、よくぞ持ってくれた感はある。本当なら入門規定に満たない小さな身体だったから、デカい人間より絶対にダメージ的なものは大きいし、20年間、同じ受け身を取ってきた。

「今年で39です」と言うと、周りの人には「若いね」「まだまだいけるよ」と言われるけど、結構ボロボロで自分の中では本当によく持ったという思いがある。

膝は両方とも爆弾を抱え、首も腰も駄目で、右腕もずっと不自由なままだ。

でも、やっぱり怪我をして辞めるとか、コンディション的な部分で辛くなって辞めるというのは選択肢の中にはあまり入れたくない。

引き際については、ギリギリまでやり切る人もいるだろうし、レスラーそれぞれに美学的なものがあると思うが、自分の中では丸藤正道のパフォーマンスがやり切れなくなったら終わりかなというのがある。「まだ丸藤が見たい！」と思われているならやる意味はあるけど、そうじゃなくなった時は丸藤正道にプロレス的な価値がないと思うし、その価値が下がる前に身を退きたい。

そんなことを漠然と考える中で、実はもう何年も前から「プロレスリング・ノアはこうです」という明確なものは何だろうかと考え、思い悩んでいる。

テレビとかラジオにたくさん出る時期があって、プロレスを知らない人に「ノアのプロレスとはどういうものですか？」という質問をされた時、簡潔に説明できる言葉、しっくりくる言葉が見つからなかった。

旗揚げから守り続けているスローガンは「自由と信念」。先輩たちがいなくなった中で打ち出したのは「方舟新章」「心に残るプロレス」。新体制になってからは「ノア・ザ・リボーン」を掲げた。しかし一般の人にはわかりづらい。全日本プロレスの「明るく楽しく激しいプロレス」は非常にわかりやすいし、新日本プロレスの「ストロングスタイル」も簡潔でわかりやすい。ではノアって何なんだろう？

旗揚げから18年が経ち、当時からいる選手は僕、小川さん、杉浦さんの3人だけになってしまった。主要選手のほとんどは他団体から来た人たちだ。

当然、変化も必要で、それを若い世代のレスラーたちが今現在主張しているわけだが、どんなことがあっても変えてはいけないもの、残さなければいけないものもある。

残さなければいけないのは、やはり三沢光晴という象徴だ。

三沢光晴はファンの人たちの心から絶対に消えることはない。その呪縛から逃れていないという声も聞くが、僕はファンの人たちやマスコミの人たちが三沢さんに関して何かを求めた時に、それに応えてあげられるノアでありたいと思っている。

第7章でも書いたように、そう遠くない未来に僕も杉浦さんも、そして小川さんもリングを去ることになる。旗揚げ生え抜きメンバーがいなくなる時が来るのだ。

「丸藤正道がいれば、そこがノアだ！」

この方舟がいろいろな局面で難破しそうになった時、僕は常にそう言ってきた。でも、いずれ僕がいないノアになる。その時にどういう形で三沢光晴という象徴を継承しつつ、航海を続けていくのか。

ノアの未来の答えは丸藤正道がいなくなった時に初めて見えるのかもしれない。その時まで僕は未来を切り開く選手たちの高くて厚い壁でありたいと思う。

そして彼らには最終的に僕らをちゃんと踏み越えて、ファンの人たちが納得するような世代交代をしてほしいと願っている。

リングシューズを脱ぐ時、三沢さんから継承した緑の方舟を若い人間たちに委ねられる状態になっていることが僕の望みだ。

その日まで、そしてファンの人が求めてくれる限り……丸藤正道はそこにいる。

2018年8月吉日　丸藤正道

方舟の継承者

著者　丸藤正道（まるふじ　なおみち）
2018年9月25日　初版発行

装丁　森田直／積田野麦（FROG KING STUDIO）
撮影　橋本勝美
スタイリスト　村田友哉
ヘアメイク　一入郁江

校正　オールアロング
構成　小佐野景浩
編集　佐々木康晴（ワニブックス）

発行者　横内正昭
編集人　岩尾雅彦（ワニブックス）

発行所　株式会社ワニブックス
〒150-8482
東京都渋谷区恵比寿4-4-9えびす大黒ビル
電話　03-5449-2711（代表）
03-5449-2716（編集部）
ワニブックスHP　http://www.wani.co.jp/
WANI BOOKOUT　http://www.wanibookout.com/

印刷所　大日本印刷株式会社
DTP　株式会社 三協美術
製本所　ナショナル製本

ISBN　978-4-8470-9708-9